# 5:2-Diät für Anfänger

Mit Intervallfasten zum Traumgewicht. Gesund und langfristig abnehmen ohne zu hungern. 5 Tage essen, 2 Tage fasten. Inklusive Ernährungsratgeber für den Einstieg.

Health Academy

# Inhaltsverzeichnis

# Einleitung

Der Name „5:2 Diät“ mag zunächst recht mathematisch klingen, jedoch verbirgt sich dahinter ein ausgesprochen simples Prinzip, das seit Jahren einen regelrechten Hype erlebt. Vergessen sind Crashdiäten, Punkte zählen und Pseudowunderpillen, denn die 5:2-Methode ist effektiver, einfacher und angenehmer durchzuführen. Den größten Teil der Woche darf gegessen werden, wonach einem der Sinn steht, und an den anderen beiden Tagen wird sich an eine strikte und dennoch machbare Vorgabe gehalten. Damit gehört diese Schlankheitskur zum sogenannten intermittierenden Fasten, was auch als Intervall- oder Kurzfasten bekannt ist.

Der Begriff „intermittieren“ stammt aus dem Lateinischen und bedeutet so viel wie „unterbrechen“ oder „aussetzen“. Dabei wird in einem bestimmten Rhythmus zwischen normaler Ernährung und deutlich eingeschränkter Kalorienzufuhr abgewechselt. Vor rund einem halben Jahrhundert galt es noch als Geheimtipp, doch inzwischen beschäftigen sich weltweit Forscher damit und gelangen zu vielversprechenden Erkenntnissen. Bei Tierversuchen stellte man bereits fest, dass Intervallfasten vorbeugend gegen diverse Krankheiten wie Alzheimer und Diabetes wirkt und die Lebenserwartung erhöht.

## Wie entstand der Hype um die 5:2-Methode?

Entdeckt wurde die 5:2-Diät von einer an der Universität Manchester beschäftigten Ernährungswissenschaftlerin namens Michelle Harvie und dem ebenfalls dort angestellten Professor der medizinischen Onkologie, Tony Howell. Bereits seit vielen Jahren erforschen sie am *„Genesis Breast Cancer Prevention Centre“* den Zusammenhang zwischen Übergewicht und Brustkrebs. Die positiven Ergebnisse, die sich bei Tierversuchen zum Teilzeitfasten ergaben, veranlassten sie dazu, dieses Konzept auf den Menschen zugeschnitten zu konstruieren. In dem Zusammenhang kam Harvie mit vielen Personen in Kontakt, die vergeblich Diät gehalten haben und ihr von den zugrunde liegenden Schwierigkeiten berichteten.

Immer wieder bekam sie zu hören, dass viele Methoden um abzunehmen zu kompliziert seien und somit rasch aufgegeben würden. Dies veranlasste Harvie dazu, ihre Idee zu konkretisieren und gemeinsam mit ihrem Team weitere Studien dazu durchzuführen. So verglich sie beispielsweise zwei Gruppen übergewichtiger Frauen miteinander, die sich drei Monate lang nach Vorgabe ernährten. Die einen sollten sich an das von ihnen „Zweitagediät“ genannte Ernährungsprinzip halten, während sich die anderen an einer klassischen Reduktionsdiät mit maximal 1500 Kalorien am Tag und fettarmen Mahlzeiten versuchten. Dabei stellten sie fest, dass mehr Teilnehmer der kurz fastenden Gruppe durchhielten und diese zugleich die besseren Blutzucker- und Blutfettwerte vorzuweisen hatten. Außerdem war bei ihnen deutlich weniger Bauchfett vorhanden, welches allgemein hin als besonders gefährlich gilt. Die Ernährungswissenschaftlerin führt als mögliche Erklärung auf, dass der menschliche Körper mit einer kurzen Fastenzeit besser umgehen kann als mit einer länger andauernden Nahrungsbeschränkung, zu der auch noch der unter Umständen eintretende Hungerstoffwechsel kommen kann. Mehr zu diesem Thema lässt sich in Kapitel 2 nachlesen.

Populär gemacht wurde die 5:2-Methode jedoch erst von Dr. Michael Mosley, einem Medizinfernsehjournalisten aus Großbritannien, der für den Sender BBC eine Dokumentation namens *„Eat, fast and live longer“* (zu Deutsch: „Iss, faste und lebe länger“) dazu drehte und ein Buch mit dem Titel *„The Fast Diet“* herausbrachte. Die Bezeichnung „The Fast Diet“ bildet eine bewusste Doppeldeutigkeit, da es sowohl mit „Die schnelle Diät“ als auch mit „Die Fastendiät“ übersetzt werden kann. Mit der 5:2-Strategie löste Mosley einen anhaltenden Trend aus. Der Autor hat diese Form der Diät selbst befolgt und laut eigener

Aussage auf diese Weise innerhalb von drei Monaten neun Kilo sowie zehn Zentimeter Bauchumfang verloren.

Zudem sollen sich seine Cholesterin- und Blutzuckerwerte verbessert haben und er sein Gewicht bereits seit Jahren halten können. Angetrieben hat Mosley der Wunsch abzunehmen sowie auf seine Gesundheit zu achten, ohne auf sein Lieblingsessen verzichten und seinen Lebensstil stark ändern zu müssen. Der Wissenschaftler war eigentlich immer davon überzeugt gewesen, dass das Auslassen von Mahlzeiten und allgemein als Fasten bezeichnete Ernährungsformen nicht förderlich für eine Gewichtsabnahme seien, allerdings wurde er durch Nachforschen und Ausprobieren der 5:2-Diät eines Besseren belehrt. Ergebnisse aus langfristigen Studien bezüglich der Wirkung von

Intervallfasten auf Menschen gibt es noch nicht, allerdings stützen erste Untersuchungen die von Mosley beschriebenen Erfolge. Erforscht wird derzeit vor allem, inwieweit man damit Herz-Kreislauf-Probleme und neurologischen Krankheiten vorbeugen kann.

Die 5:2-Diät verspricht vielen Menschen Hoffnung. Egal, ob man bereits unzählige gescheiterte Versuche abzunehmen hinter sich hat oder sich gerade erstmals an eine Gewichtsreduktion heranwagt, sie bietet sich für alle an. Es ist nicht entscheidend, wie viele Kilogramm man verlieren möchte oder ob man sich lediglich gesünder ernähren will, die 5:2-Methode kann man flexibel an den eigenen Bedarf anpassen. Dabei spielt es ebenso wenig eine Rolle, ob die Lust, Sport zu treiben, im Übermaß vorhanden oder weniger ausgeprägt ist.

## Worum geht es auf den nächsten Seiten?

In den folgenden Kapiteln wird zunächst beschrieben, wie Übergewicht zustande kommt und auf welche Art sich überhaupt erst definieren lässt, was als Übergewicht gilt. Dann wird sich dem eigentlichen Thema, der 5:2-Diät, zugewandt, um genauer zu beleuchten, wer von ihr profitiert und welche Vorbereitungsschritte man unternehmen muss. Anschließend werden ihre Funktionsweise und die Wirkung des Teilzeitfastens auf den Organismus beschrieben. In den darauffolgenden Kapiteln kommt zur Sprache, worin die Vorteile der 5:2-Methode gegenüber herkömmlichen Diäten liegen und wie man die Ernährung an Fastentagen und den Rest der Woche über am besten gestaltet. Im selben Zug werden Tipps gegeben, wie man mit Hungergefühl umgehen kann. Auch die Bedeutung körperlicher Betätigung und der Einfluss der Schlafqualität sind nicht zu unterschätzen, weshalb sie jeweils in einem gesonderten Kapitel behandelt werden. Zum Schluss wird die Frage untersucht, wie man nach einer erfolgreichen Abnahme das Gewicht halten kann.

Insgesamt geht es vor allem darum, die 5:2-Diät Neulingen auf dem Gebiet auf verständliche Weise näherzubringen und ihnen grundlegendes Wissen über Ernährung zu vermitteln, sodass sie das Gelernte direkt anwenden können, ohne bereits viel Erfahrung zum Thema Abnehmen mitbringen zu müssen.

# Kapitel 1: Wie wird Übergewicht ermittelt und worin bestehen die Ursachen dafür?

In erster Linie besitzt jeder sein eigenes Wohlfühlgewicht, weshalb sich nicht pauschal sagen lässt, wann jemand zu viel auf den Rippen hat und wann nicht. Was für den einen noch als annehmbar gilt, ist für den anderen vielleicht schon eine Belastung. Manche bevorzugen aus optischen Gründen eine schlanke Figur, andere finden Rundungen ansprechender. Aufgrund der Individualität der menschlichen Körper, Bedürfnisse, Prioritäten, Alltagsgewohnheiten und Schönheitsideale ist es schwer, Aussagen über das perfekte Gewicht schlechthin zu treffen. Da die Leibesfülle jedoch eine große Rolle für die Gesundheit spielt, ist es dennoch notwendig, einen gängigen Maßstab zur Hand zu haben, um feststellen zu können, ob das Gewicht im Normalbereich liegt oder etwas geändert werden muss.

## Die Popularität des Body-Mass-Index

Das wohl bekannteste Vergleichsmittel stellt der internationale *Body-Mass-Index* (BMI) dar. Dabei wird das Körpergewicht durch das Quadrat der Körpergröße geteilt. Als Normalbereich gilt im Allgemeinen ein Wert zwischen 19 und 25, wobei sich dieser mit zunehmendem Alter nach oben hin verschiebt. Darunter ist von Untergewicht die Rede, darüber wiederum von leichtem bis mittlerem Übergewicht. Ein Ergebnis ab 30 steht für Adipositas, im Volksmund Fettsucht genannt, und alles über 40 für schwere Adipositas. In den letztgenannten Fällen ist das Risiko durch Folgeerkrankungen, wozu beispielsweise Diabetes und hoher Blutdruck gehören, deutlich erhöht.

Beinahe ein Viertel aller Deutschen leidet bereits unter starkem Übergewicht und die Tendenz steigt sogar, weshalb es umso wichtiger ist, bei sich selbst ein Auge darauf zu haben. Die Verwendung des BMI eignet sich im Grunde für jeden bis auf Schwangere, Heranwachsende und Menschen mit Amputationen. Auch besonders muskulöse Männer und Frauen können sich auf die Ergebnisse nicht verlassen, da Muskeln mehr als Fett wiegen und somit gegebenenfalls Adipositas diagnostiziert würde, was in dem Fall jedoch überhaupt nicht in einem gesundheitlich bedenklichen Sinne zuträfe.

## Taillen- und Hüftmaße als alternative Anhaltspunkte

Kritiker des BMI geben zu bedenken, dass Körpergröße und Gewicht allein keine Bewertung des gesundheitlichen Risikos zulassen, weil dabei zentrale Merkmale wie Statur, Knochendichte und Körperfettanteil unberücksichtigt bleiben. Aus diesem Grund werden für gewöhnlich noch andere Mittel zur Beurteilung herangezogen. Weitere Hinweise, inwieweit risikoreiches Übergewicht vorliegt, liefern beispielsweise die Werte Taillen- und Hüftumfang. Diese lassen sich ganz einfach morgens ohne Kleidung mithilfe eines handelsüblichen Maßbands ermitteln. Der Taillenumfang wird mittig zwischen dem untersten Rippenpaar und der oberen Hüftkante gemessen. Man sollte währenddessen aufpassen, dass man nicht die Luft anhält. 94 Zentimeter bei Männern und 80 Zentimeter bei Frauen werden bereits als erhöht bezeichnet, während 102 und 88 Zentimeter das Risiko für Krankheiten schon deutlich steigen lassen. Für den Hüftumfang muss das Maßband an der breitesten Stelle des Gesäßes angelegt werden.

Teilt man nun den Taillen- durch den Hüftumfang, erhält man die sogenannte *Waist-to-Hip-Ratio* (WHR), was übersetzt Taille-Hüft-Quotient bedeutet. Damit lässt sich feststellen, was für ein Fettverteilungsmuster vorliegt. Ab einer WHR von 1,0 bei Männern und 0,85 bei Frauen wird vom „Apfel-Figurtyp“ gesprochen, wobei sich das Risiko vor allem für Entzündungen erhöht. Liegen die Werte darunter, ist vom „Birne-Typ“ die Rede. Diejenigen, die zur Birnenform neigen, sind aus gesundheitlicher Perspektive im Vorteil, da Fettpolster an Bauch und Taille allgemein hin als gefährlicher eingestuft werden, im Vergleich zu denen, an der Hüfte und den Oberschenkeln. Letztere haben unter Umständen sogar eine gesundheitsfördernde Schutzfunktion.

Wird wiederum der Taillenumfang durch die Körpergröße geteilt, bestimmt man die Höhe der *Waist-to-Height-Ratio* (WHtR). Der Taille-Körpergröße-Quotient lässt ebenfalls Schlüsse über die Verteilung des Körperfetts zu. Bis zu einem Alter von etwa 40 Jahren beginnt die Grenze zum Übergewicht bei 0,51 und die zu Adipositas bei 0,57, ab 50 Jahren werden hingegen noch einmal 10 Punkte dazugezählt. Weder der Taille-Hüft- noch der Taille-Körpergröße-Quotient lassen jedoch eine genaue Einschätzung zum Gewicht von Heranwachsenden zu.

## Detaillierte Beurteilung von Übergewicht anhand des Körperfettanteils

Eine weitere populäre Möglichkeit Aussagen über die Gesundheit treffen zu können, besteht darin, den Körperfettanteil zu ermitteln. Der Körperfettanteil gibt an, in welcher Relation das Fett zur Gesamtmasse steht. Bei einem Gewicht von 90 Kilogramm und einem Körperfettanteil von 18 % bestehen also etwa 16 Kilogramm der Gesamtmasse aus Fett. Abhängig von Geschlecht und Alter ergeben sich unterschiedliche Normwerte. Erwachsene Frauen verfügen von Natur aus über ein höheres Körperfettverhältnis als Männer, da der Organismus im Falle einer Schwangerschaft auf entsprechende Speicher zurückgreifen muss. Je älter man wird, desto höher darf auch der Körperfettanteil sein, da sich die Muskeln normalerweise im Laufe der Zeit etwas zurückbilden. Bei der weiblichen Hälfte der Bevölkerung liegt der Normwert zwischen 21 % und 36 %, bei der Männlichen wiederum zwischen 8 % und 25 %. Sowohl ein zu niedriger als auch ein zu hoher Wert birgt entsprechende Gesundheitsrisiken.

Es gibt verschiedene Methoden, mit denen man den Körperfettanteil berechnen kann. Diverse Waagen besitzen eine entsprechende Funktion, die man jedoch mit Vorsicht benutzen sollte, da die Messung für gewöhnlich recht ungenau ist, weil von gewissen Normstaturen ausgegangen wird, die Waage oftmals das Bauchfett nur unzureichend berücksichtigt und der Mageninhalt das Ergebnis beeinflussen kann. Bei diesem Verfahren wird Strom, von dem man selbst nichts spürt, durch den Körper geleitet und auf Basis der Widerstände der Körperfettanteil bestimmt. Insbesondere günstige Waagen halten dabei nicht, was sie versprechen, was beispielsweise daran liegt, dass oft nur der Anteil der unteren Hälfte gemessen und somit das Bauchfett bei der Berechnung vernachlässigt wird. Bei höherwertigen Waagen, die mehrere Hundert Euro kosten können, sind Hand- und Fußelektroden vorhanden, die eine zumindest etwas exaktere Messung ermöglichen. Diese erhält man beispielsweise in Sportfachgeschäften.

Eine weitere Methode, die man selbst durchführen kann, erfordert einen Caliper, also einen Messschieber, mit dessen Hilfe sich die Hautfaltendicke ablesen lässt. Es empfiehlt sich, die Hautfaltendicke regelmäßig unter den gleichen Bedingungen zu ermitteln. Während der Menstruation und nach anstrengender körperlicher Betätigung lohnt es jedoch wegen der Beeinflussung durch die jeweiligen Umstände nicht, eine Messung vorzunehmen. Insgesamt spielt es weniger eine Rolle, um welchen Wert es sich handelt, als die Entwicklung, die das Ganze nimmt. Wer es jedoch ganz genau wissen will, sollte sich zu einem Sportmediziner begeben und sich dort hinsichtlich Kosten und angebotener Verfahren beraten lassen. Da die regelmäßige Kontrolle dort auf Dauer verhältnismäßig teuer werden kann, lohnt es sich, eine gute Waage, einen Caliper oder sogar beides anzuschaffen.

Der Ansicht einiger Wissenschaftler zufolge ermöglicht die Messung des Körperfettanteils eine bessere und individuellere Beurteilung des Gesundheitszustandes als der BMI, der sich mehr zur Analyse der breiten Population eignet.

## Wie kommt Übergewicht zustande?

Eine zentrale Ursache für Übergewicht stellt verständlicherweise falsche Ernährung dar, womit oft noch mangelnde Bewegung einhergeht.

Dies lässt sich ganz einfach damit erklären, dass man über einen längeren Zeitraum hinweg mehr Kalorien über das Essen aufnimmt als man verbraucht. Mit körperlicher Ertüchtigung könnte der Verbrauch gesteigert werden. Da diese jedoch bei vielen Menschen wegfällt, gelangt man schnell bei einem Missverhältnis zuungunsten der Figur an. Nicht selten entsteht ein Teufelskreis aus zu vielen Kilos auf den Hüften und einer daraus resultierenden Abneigung, Sport zu treiben.

Auch die Psyche kann ein Grund für Übergewicht sein, da sich beispielsweise Depressionen häufig auf das Essverhalten auswirken, wenn versucht wird, die gedrückte Stimmung mithilfe von Essen zu kompensieren. Hinzu kommt erschwerend, dass in den Fällen darüber hinaus der Antrieb für Bewegung fehlt. Stress ist ebenfalls ein zu berücksichtigender Faktor, vor allem wenn er zum Dauerzustand wird. Das liegt nicht nur am Mangel an Zeit und Lust gesunde Gerichte zu kochen, sondern auch an der Ausschüttung des Stresshormons Cortisol, welches Heißhungerattacken begünstigt.

Doch nicht nur psychische, sondern auch körperliche Krankheiten können Übergewicht bedingen. Dazu zählen beispielsweise Schilddrüsenunterfunktionen und Ödeme. Des Weiteren lösen verschiedene Medikamente, insbesondere Antidepressiva, hormonelle Verhütungsmittel und Kortison, als Nebenwirkung Gewichtszunahme aus.

Auch der Einfluss der genetischen Veranlagung auf die Neigung zum Übergewicht lässt sich nicht leugnen. Man sollte deswegen jedoch nicht zu dem Schluss gelangen, dass man ohnehin nichts ausrichten kann, und sich dadurch der Verantwortung für das eigene Gewicht entziehen. Die genetische Veranlagung verstärkt nämlich lediglich den Hang zu Übergewicht und erhöht dementsprechend das Risiko, es kann allerdings nicht als alleinige Ursache aufgeführt werden. Mit angemessener Ernährung und ausreichend Bewegung hat Übergewicht trotz Erbanlage keine Chance.

# Kapitel 2: Wer profitiert von der 5:2-Diät und wie bereitet man sich auf sie vor?

Die 5:2-Diät eignet sich für alle Menschen, die abnehmen möchten, auf einen gesunden Lebensstil Wert legen und verschiedenen Krankheiten vorbeugen möchten. Jedoch gibt es verschiedene Ausnahmen, die von ihr absehen oder zumindest vorher mit dem medizinischen Fachmann des Vertrauens ausführlich besprochen werden sollten.

## Wer sollte von der 5:2-Diät absehen oder vorher einen Arzt konsultieren?

Dazu gehören in erster Linie diejenigen, die Probleme mit Organen wie der Leber, der Schilddrüse oder den Nieren haben oder unter niedrigem Blutdruck leiden. Auch Diabetiker müssen mit Vorsicht an das Ganze herangehen. Wenn man sich unsicher ist, ob etwas gegen diese Ernährungsform spricht, sollte man sich lieber einmal zu viel Rat holen als einmal zu wenig. Auf keinen Fall sollten sich Jugendliche, Untergewichtige, Stillende und Schwangere an der 5:2-Diät versuchen, da sie für ihre körperlichen Voraussetzungen nicht infrage kommt.

Im Grunde bestehen keine Unterschiede zwischen den Geschlechtern, was die Eignung für intermittierendes Fasten angeht. Es existieren allerdings Studien, die besagen, dass in wenigen Fällen diese Ernährungsform für Frauen nicht ganz so bekömmlich ist, was sich zum Beispiel darin äußert, dass die Menstruation ausbleibt. Trifft dies zu, sollte die 5:2-Diät lieber nicht durchgeführt werden. Frauen müssen in diesem Sinne besonders auf sich achtgeben und im Falle eines konkreten Kinderwunsches zur Sicherheit darauf verzichten.

Für Männer ist die Methode ansonsten uneingeschränkt zu empfehlen, egal ob sie Muskelaufbau als Ziel haben, Bodybuilding betreiben oder lediglich ein paar Pfund abnehmen und gesünder leben möchten. Prinzipiell ist es natürlich so, dass jeder Körper anders ist und dementsprechend das Kurzfasten jeweils individuelle Wirkungen entfaltet. Wer neugierig ist oder auf Nummer sicher gehen möchte, unterzieht sich vor Beginn der Ernährungsumstellung einem Check-up und vergleicht nach zwei, drei Wochen Teilzeitfasten seine Blutwerte, um einen Anhaltspunkt dafür zu haben, wie es um die Gesundheit bestellt ist.

## Die 5:2-Methode gibt Verzweifelten neue Hoffnung

Wer sich schwer damit tut, bei Diäten durchzuhalten, seine Ernährung umzustellen und seine Gewohnheiten zu ändern, wird bei der 5:2-Strategie gute Chancen auf Erfolg haben, da die Aussicht darauf, dass das Fasten am nächsten Tag ein Ende hat, Antrieb verleiht. Auch denjenigen, die bei anderen Methoden zum Abnehmen oft mit dem sogenannten Jo-Jo-Effekt zu kämpfen haben, kommt sie entgegen. Unter dem Jo-Jo-Effekt versteht man eine Form der Gewichtszunahme, die häufig nach Reduktionsdiäten eintritt und darauf basiert, dass sich danach wieder normal ernährt wird, obwohl der Körper, gegebenenfalls sogar durch den einprogrammierten Hungerstoffwechsel, einen niedrigeren Verbrauch aufweist.

Der Hungerstoffwechsel tritt ein, wenn über einen längeren Zeitraum weniger Kalorien aufgenommen werden, als es prinzipiell dem Grundumsatz oder dem Gesamtbedarf minus 500 mindestens entspräche. Der Körper bereitet sich unter diesen Umständen auf eine scheinbar drohende Hungersnot vor und fährt seinen Bedarf herunter, um keine Energie zu verschwenden. Dabei kann er den Energieumsatz um bis zu 800 Kalorien reduzieren. Bei einer Verringerung dieses Ausmaßes entsteht sogar bei Diäternährung schnell einen Überschuss, obwohl man eigentlich deutlich weniger isst als vorher. Noch dazu geschieht die Reduktion auf Kosten des körperlichen und psychischen Wohlbefindens. In den Hungermodus schaltet der Körper also insbesondere bei jenen Methoden des Abnehmens, bei denen es im Vordergrund steht, möglichst schnell viel Gewicht zu verlieren. So dauert es nicht lange, bis man all die abgearbeiteten Kilos wieder auf den Hüften hat, gegebenenfalls sogar noch mehr, da der Organismus für die nächste Hungerzeit vorsorgen möchte. Aus diesem Grund ist auch reines Fasten über mehrere Tage hinweg nicht zu empfehlen. Bei der 5:2-Strategie verhindern die Kürze des Essenentzugs und die darauffolgende normalisierte Ernährung, dass der Stoffwechsel in den Hungermodus umschaltet.

## Wann beginnt man am besten mit dem Abnehmen?

Hat man die Frage, ob sich die 5:2-Diät für einen eignet, bejahen können, sollte man sich zunächst damit auseinandersetzen, wie die Ernährungsumstellung abläuft und worauf es dabei ankommt, bevor man einfach loslegt. Dementsprechend ist es wichtig, die folgenden Kapitel gut durchzulesen und zu verinnerlichen. Zudem sollte man sich bewusst machen, dass trotz der Tatsache, dass die 5:2-Methode vergleichsweise angenehm durchzuführen ist, erst einmal eine anstrengende Zeit auf einen zukommt. Dies trifft umso mehr zu, wenn man daran gewöhnt ist, über den Tag mehrere Mahlzeiten und Snacks zu sich zu nehmen, und jederzeit Essen zur Verfügung stehen zu haben.

Das heißt aber nicht, dass man verzagen sollte. Es ist zu Beginn lediglich etwas mehr Überwindung und Durchhaltevermögen vonnöten. Aus diesem Grund sollte man möglichst in einer Zeit den Anfang machen, in der man sich besonders belastbar fühlt und voller Tatendrang ist. Dennoch ist es nicht zweckdienlich, den Beginn ewig hinauszuschieben. Stattdessen kann man ruhig den Sprung ins kalte Wasser wagen. Das Ziel, das man sich immer vor Augen halten muss, und die schnellen Erfolge machen es Anfängern leicht, dranzubleiben. Trotz allem sollte der Beginn der 5:2-Diät nicht gerade in einer Zeit liegen, in der man besonders viel Stress im Beruf beziehungsweise im Alltag hat oder allgemein den größten Teil seiner Kraft gerade für etwas anderes benötigt. Es ist ratsam, angesichts der anfänglichen Hürden zumindest etwa zwei Wochen einzuplanen, in denen idealerweise nichts ausgesprochen Anstrengendes ansteht, sodass genügend Energie für die Fastentage bleibt. Selbstverständlich sollte man auch nicht gerade kurz vor dem schon lang herbeigesehnten Urlaub mit der 5:2-Methode beginnen.

## Wie man sich am besten über Fortschritte auf dem Laufenden hält

Es ist hilfreich, vorher festzulegen, auf welche Weise der Fortschritt überwacht werden soll. Theoretisch kann man jedes der in Kapitel 1 vorgestellten Mittel verwenden. Üblicherweise greifen Diät Haltende zur Waage, da sich daran die Gewichtsentwicklung recht zuverlässig ablesen lässt. Es muss sich nicht notwendigerweise um eine geeichte Variante handeln, solange sie die Masse zuverlässig und entsprechend konstant angibt. Damit ist gemeint, dass die Ergebnisse beispielsweise bei dreimal Wiegen hintereinander keine erheblichen Unterschiede aufweisen dürfen.

Dazu sollte die Waage immer am selben Platz und auf einer glatten Fläche stehen. Das medizinisch exakte Gewicht muss nicht unbedingt bekannt sein, da es um die Veränderung geht, die durch die niedrigeren Zahlen in Relation zum Ausgangswert angezeigt wird. Es ist nicht empfehlenswert, sich häufiger als einmal die Woche zu wiegen, da das Gewicht in großem Maße von Tageszeit, Mageninhalt, Flüssigkeitszufuhr und anderen natürlichen Schwankungen beeinflusst werden kann. Es sind bis zu drei Kilogramm Abweichung möglich, die bei täglichem Wiegen schnell zu Missverständnissen und Enttäuschungen führen können, wenn die Zahlen auf der Waage vorschnell interpretiert werden. Es reicht, jede Woche am selben Tag vor dem Frühstück das Gewicht zu überprüfen, um das Risiko für derartige Abweichungen zu minimieren, und sich die Werte auf einem Zettel samt Datum zu notieren.

Die von Mosley, dem Begründer des Diättrends, bevorzugte Methode, die Abnahme zu kontrollieren, ist das Messen des Bauch- beziehungsweise Taillenumfangs. Dies ist vor allem deshalb sinnvoll, weil man so direkt feststellen kann, wie viel des als gefährlich geltenden Bauchfetts verloren wurde. Auch hierbei sollte man sich, genau wie beim Wiegen, für einen festen Wochentag und eine Uhrzeit entscheiden. Ideal ist natürlich ein leerer Magen, da eine Mahlzeit bereits zwei, drei Zentimeter ausmachen kann.

Wer es ganz genau wissen möchte, beurteilt die Anzahl verlorener Kilos zusätzlich anhand der Veränderung des Körperfettanteils. Dies ist vor allem vor der Abnahme und nach Erreichen des Wunschgewichts ratsam, um einen Vorher-Nachher-Vergleich zu haben. Während der Diät reicht es im Grunde, mithilfe von Waage, Maßband oder beidem das Annähern ans Ziel zu dokumentieren. Selbstverständlich ist das kein Muss, wenn man sich stattdessen lieber auf den Anblick im Spiegel oder die Löcher im Gürtel verlässt, um einen Eindruck vom Fortschritt zu gewinnen. Vielen Menschen dienen die unbestechlichen Zahlen allerdings als Zeichen des Erfolgs, und als Ansporn weiterzumachen. Zudem bemerkt man Fortschritte für gewöhnlich früher auf der Waage als am Äußeren. Bei der 5:2-Diät gibt es jedoch keine spezifischen Vorgaben dazu, was einem die Freiheitlässt, sich für die Methode(n) der Wahl zu entscheiden.

## Wie ermittelt man seinen Kalorienbedarf?

Ebenso wenig ist es festgelegt, inwieweit man sich im Vorfeld und während des Teilzeitfastens mit Kalorienzählen auseinandersetzt. Ein großer Pluspunkt der 5:2-Diät besteht darin, dass man im Normalfall nicht darauf angewiesen ist, viel herumzurechnen und sich die Werte von Lebensmitteln einzuprägen. Es zahlt sich jedoch insbesondere für Anfänger aus, sich vorab zumindest mit den Grundlagen vertraut zu machen, um bei Bedarf im Zusammenhang mit einer Gewichtsstagnation und gar einer Zunahme gegenwirken zu können. Außerdem verhilft einem das Wissen darüber zu einem besseren Verständnis der Funktionsweise der 5:2-Methode und dem Vermeiden von Irrtümern.

Jeder Mensch benötigt Energie, um zu überleben, so wie jedes Auto auf Benzin angewiesen ist, um fahren zu können. Die fundamentalen Prozesse im Körper, zu denen unter anderem die Versorgung des Gehirns, das Aufrechterhalten der Körpertemperatur, die Atmung und der Stoffwechsel der Organe gehören, können nur dann reibungslos ablaufen, wenn genügend Energie zur Verfügung steht. Kalorien dienen dabei als Maßeinheit.

Selbst im völligen Ruhezustand verbraucht der Körper Energie, um sich durch die genannten Prozesse am Leben zu erhalten. Die Menge, die dafür erforderlich ist, wird **Grundumsatz** genannt und hängt hauptsächlich von Geschlecht, Größe, Gewicht und Alter ab. Ursprünglich verwendete man die Harris-Benedict-Formel, um den individuellen Grundumsatz zu berechnen, jedoch hat diese zugunsten der nach ihren amerikanischen Entdeckern benannten Mifflin-St.Jeor-Formel ausgedient. Die Mifflin-St.Jeor-Formel bezieht die Variablen Gewicht in Kilogramm (m), Körpergröße in Zentimetern (l), Alter in Jahren (t) und eine vom Geschlecht abhängige Stoffwechselkonstante (s) in die Berechnung mit ein. Bei Männern beträgt die Stoffwechselkonstante +5, bei Frauen wiederum -161.

Auf dieser Basis lautet die Mifflin-St.Jeor-Formel zur Berechnung des Grundumsatzes (G) wie folgt:

$$\mathbf{G = 10 * m + 6{,}25 * l - 5 * t + s}$$

Stellt man sich beispielsweise eine 40 Jahre alte Frau mit einem Gewicht von 65 Kilogramm und einer Größe von 1,62 Metern vor, ergibt sich folgende Gleichung:

$$\mathbf{G = 10 * 65 + 6{,}25 * 162 - 5 * 40 + (-161)}$$

Demnach beträgt der Grundumsatz für die im Beispiel genannte Frau 1301,5 Kalorien. Dies ist also die Energiemenge, die ihr Körper bei völliger Inaktivität zur Instandhaltung der lebensnotwendigen Funktionen benötigt. An der Formel lässt sich ablesen, dass der Grundumsatz steigt, je größer und schwerer man ist, und mit zunehmendem Alter absinkt. Bei Frauen ist er darüber hinaus aus biologischen Gründen bei sonst gleichen Faktoren geringer. Durch Kraft- und Ausdauertraining lässt er sich jedoch sowohl bei Männern als auch bei Frauen dauerhaft erhöhen. Der Grundumsatz macht beim Menschen normalerweise zwischen 60 und 70 Prozent des Gesamtbedarfs aus. Der Rest wird vom sogenannten Leistungsumsatz bestimmt, der all den Verbrauch umfasst, der durch sämtliche Tätigkeiten entsteht, die über völlige Inaktivität hinausgehen.

Der Leistungsumsatz variiert von Mensch zu Mensch stark. Um die Berechnung zu vereinfachen und trotzdem ein verwertbares Ergebnis zu erhalten, wurde das Konzept des *Physical-Activity-Level* (PAL) entwickelt. Der PAL stellt den Faktor dar, mit dessen Hilfe der Grad an körperlicher Betätigung beurteilt werden soll. Das Spektrum reicht dabei von 1,2 für bettlägerige Menschen bis zu 2,4 für diejenigen, die harter körperlicher Arbeit nachgehen. Je nachdem, womit man sich tagsüber beschäftigt, multipliziert man also den Grundumsatz mit dem entsprechenden PAL-Faktor.

- 1,2 bei einer ausschließlich liegenden oder sitzenden Lebensweise
- 1,4 - 1,5 bei einer größtenteils sitzenden Lebensweise
- 1,6 - 1,7 bei einer abwechselnd sitzenden und stehenden/gehenden Lebensweise
- 1,8 - 1,9 bei einer größtenteils stehenden/gehenden Lebensweise
- 2,0 - 2,4 bei einer körperlich stark anspruchsvollen Lebensweise

Zieht die im Beispiel vorgestellte Frau mit einem Grundumsatz von 1301,5 Kalorien ein ruhiges Freizeitleben vor und arbeitet im Büro, verbringt sie den Tag überwiegend im Sitzen, weshalb man von einem PAL-Faktor von 1,4 ausgehen kann. Multipliziert man 1301,5 Kalorien mit 1,4, erhält man einen Gesamtenergiebedarf von etwa 1822 Kalorien. Möchte sie ihr Gewicht halten, muss sie also ungefähr diese Menge über die Ernährung aufnehmen. Mit Sport könnte sie wiederum ihren Leistungsumsatz und somit auch ihren Kalorienbedarf insgesamt steigern. Denjenigen, denen es zu kompliziert ist, den Energieumsatz eigenhändig auszurechnen, wird die Arbeit bei Bedarf von verschiedenen Kalorienrechnern im Internet abgenommen.

Die Schwierigkeit, die sich beim Übertragen dieses Prinzips auf die Realität ergibt, beruht auf der Tatsache, dass es sich lediglich um Annäherungswerte handelt. Auch wenn versucht wird, den Energieumsatz des Menschen irgendwie handhabbar zu machen, haben Berechnungen immer ihre Grenzen. In diesem Fall besteht die Grenze darin, dass sich die Individualität des Stoffwechsels nicht erfassen lässt. Keine zwei Körper sind baugleich, allein schon wegen der unterschiedlichen genetischen Veranlagungen. Bei der Berechnung des Grundumsatzes sind teilweise über 500 Kalorien Abweichung möglich. Wer es ganz genau wissen möchte, lässt seinen Grundbedarf bei einem Sportmediziner oder einer ärztlichen Einrichtung messen. Dies kostet zwischen 30 und 130 Euro und wird mithilfe einer Maske, über die eine Atemgasanalyse durchgeführt wird, möglich gemacht.

Die Ergebnisse, die dabei gemessen werden, sind ausgesprochen genau. Prinzipiell ist es nicht notwendig, bis ins Detail über seinen Grundumsatz und seinen Gesamtkalorienbedarf Bescheid zu wissen. Findet man jedoch partout keine Erklärung dafür, weshalb sich bei der 5:2-Diät keine Erfolge einstellen, ist es ein Versuch wert, den Grundumsatz auf diese Weise ermitteln zu lassen und so zumindest auszuschließen, dass der eigene Grundbedarf stark vom berechneten Wert abweicht.

# Kapitel 3: Worauf basiert die 5:2-Diät und wie funktioniert sie?

Worum es bei der Methode geht, verrät bereits der einprägsame Name. An zwei Wochentagen wird die Nahrungsaufnahme nach den Vorgaben strikt eingeschränkt, dafür darf in der restlichen Zeit generell normal gegessen werden. Oftmals ist in diesem von „schlemmen“ die Rede, was jedoch einen falschen Eindruck erweckt, da nicht davon ausgegangen werden darf, dass man an diesen Tag regelmäßig über die Stränge schlagen kann. Schlemmen hieße, deutlich über dem Kalorienbedarf zu essen, was je nach Menge die Erfolge der Fastentage zunichtemachen könnte. Ebenso falsch wie die Auffassung, hemmungslos allen Gelüsten zu folgen sei erlaubt, ist die Annahme, dass an den Tagen, an denen nicht gefastet wird, pauschal etwa 2000 Kalorien gegessen werden sollten.

Das Missverständnis rührt daher, dass 2000 Kalorien dem durchschnittlichen Energieumsatz einer erwachsenen Frau entsprechen, wie er auch bei der Kennzeichnung der Nährwertangaben von Lebensmitteln angenommen wird. Es geht jedoch darum, dass die normale Ernährung an Nicht-Fastentagen dem individuellen Kalorienbedarf entsprechen sollte und nicht einer konkreten Zahl. Aus diesem Grund lohnt es sich, mithilfe der erwähnten Formeln den persönlichen Energieumsatz zu berechnen, um eine Vorstellung davon zu bekommen, von welcher normalen Nahrungszufuhr für einen selbst ausgegangen wird. Zweifellos entsprechen die 2000 Kalorien nicht dem Tagesbedarf von jedem. Gerade kräftigen Männern steht erfahrungsgemäß erheblich mehr zu.

## Was erwartet einen an den Fastentagen?

An den Fastentagen gilt vor allem eines: Die Kalorienmenge darf bei Männern 600 und bei Frauen 500 nicht überschreiten, damit der

Körper in diesen Zeiten seine Reserven anzapfen muss. Sie beträgt somit etwa ein Viertel des durchschnittlichen Bedarfs einer erwachsenen Person. An welchen Tagen man das Kurzfasten vollzieht, kann man frei entscheiden. Nur aufeinanderfolgen sollten sie nicht, da die Zeit des Verzichts sonst zu lange andauert und die Gefahr besteht, dass dies dem Durchhaltevermögen schadet.

Infrage kämen beispielsweise Montag und Donnerstag oder Dienstag und Freitag. Am Wochenende finden die meisten Feiern sowie Verabredungen zum Frühstück oder Ähnlichem statt, weshalb es besser ist, unter der Woche zu fasten. Wer größeren Wert darauf legt, mit Kollegen mittags in die Kantine zu gehen, ohne als Einziger unzufrieden im Salat herumzustochern, kann selbstverständlich auch am Wochenende die Kalorienzufuhr einschränken. Man sollte sich im Vorfeld überlegen, an welchen Tagen einem das Teilzeitfasten am leichtesten fällt. Wer großen Wert darauf legt, optimale Ergebnisse zu erzielen, fastet zwischen Montag und Freitag, da amerikanische Wissenschaftler herausgefunden haben, dass man unter der Woche in der Regel mehr Gewicht verliert als an Wochenenden.

Der oder die Diät Haltende darf zudem ganz nach den eigenen Vorlieben bestimmen, auf wie viele Speisen er die Kalorien verteilt. Wie umfangreich die Mahlzeiten sind, spielt erst einmal für den Erfolg keine Rolle, solange am Fastentag insgesamt maximal 500 beziehungsweise 600 Kalorien verzehrt werden. Es sollte jedoch bedacht werden, dass im Idealfall das Essen auf nicht mehr als zwei Mahlzeiten aufgeteilt wird, da ansonsten die eigentlich effektiven Essenspausen nicht ausgekostet werden. Den größten Erfolg hat man für gewöhnlich dann, wenn man es bei einer Mahlzeit belässt und diese um die Mittagszeit herum einnimmt. Wird dies eingehalten, kann sich der Körper bestmöglich regenerieren, da er von nachmittags an bis zum nächsten Morgen Zeit hat, Reparaturen vorzunehmen.

Fällt einem der Anfang extrem schwer, weil man noch nie auf Mahlzeiten verzichten musste, ist es besser, sich langsam voranzutasten, statt das Vorhaben komplett abzusagen. Beispielsweise könnte man zunächst einmal pro Woche fasten oder die Kalorienzufuhr an den entsprechenden Tagen vorerst halbieren. Das Ziel sollte es natürlich sein, irgendwann die Vorgabe von 500 oder 600 Kalorien an zwei Tagen einzuhalten, auch um die gewünschten Erfolge zu erreichen. Aber niemand hat etwas davon, wenn man sich übernimmt und anschließend komplett aufgibt. Sich im eigenen Tempo dem Ziel zu nähern, ist besser, als gar nicht erst dort anzukommen.

Eine weitere wichtige Regel für Fastentage besteht darin, dass auf Kohlenhydrate, wie sie zum Beispiel in Nudeln und Brot enthalten sind, verzichtet werden muss. Dazu zählen logischerweise auch Süßigkeiten und gezuckerte Softdrinks aller Art. Logisch begründen lässt sich diese Regel damit, dass Kohlenhydrate schlicht nicht genug sättigen, um mit der begrenzten Nahrungsmenge zurechtzukommen, und gerade Süßes zu viele „leere“ Kalorien beinhaltet, da es kaum Nährstoffe aufweist. Darüber hinaus sollten vor allem Proteine zugeführt werden, um die Muskeln zu stärken und gegen deren Abbau vorzugehen, der bei den meisten Diäten riskiert wird. Wie die Ernährung an Fastentagen gesund gestaltet werden kann, wird in Kapitel 6 thematisiert.

## Worauf basiert die 5:2-Methode?

Die 5:2-Diät ist deshalb so wirkungsvoll, weil sie schlicht und ergreifend auf einem grundlegenden Prinzip abzunehmen basiert: Es dürfen weniger Kalorien aufgenommen als verbraucht werden. Die Tageszufuhr von 2000 Kalorien, die dem (weiblichen) Durchschnittsmenschen zugeschrieben wird, entspräche einem Wochenverbrauch von 14000 Kalorien. Nimmt man nun an, dass gemäß der 5:2-Strategie an fünf Tagen die normale Menge und an Fastentagen lediglich 500 Kalorien zu sich genommen werden, entsteht in der Theorie eine Differenz von 3000 Kalorien, die zur Gewichtsreduktion führt.

Ein Kilogramm kommt etwa 7000 Kalorien gleich, sodass ein bisschen weniger als 500 Gramm pro Woche auf diese Weise mindestens abgenommen werden. Da es sich allerdings um Durchschnittswerte handelt und der Kalorienbedarf vor allem auch wegen des Grads an sportlicher Betätigung abweichen kann, sollte dies lediglich als Schätzung zu erklärenden Zwecken verstanden und der zuvor errechnete individuelle Tagesumsatz berücksichtigt werden. Dass mit der 5:2-Diät eine Abnahme von etwa einem halben Kilogramm pro Woche angestrebt wird, passt zu der Empfehlung von vielen Ärzten, die eine Reduktion in diesem Rahmen als gesund erachten, aber von allem deutlich über einem Kilogramm abraten, da dadurch das Risiko für schlaffe Haut, Haarausfall und sogar für Herzprobleme steigen könnte. Zudem droht immer der Jo-Jo-Effekt, wenn man zu schnell zu viel abnimmt.

Die Gewichtsreduktion, die mit der 5:2-Strategie einhergeht, ist lediglich ein Teilaspekt des Ganzen. Es geht nicht nur darum, an zwei Tagen ausreichend Kalorien einzusparen, auch wenn es letztendlich das ist, was zur Abnahme führt. Trotz ihres Namens steht bei der 5:2-Methode stärker die Umstellung zu einem gesünderen Lebensstil als tatsächlich das klassische Diätkonstrukt im Fokus. Das Teilzeitfasten bringt nicht nur ein schlankeres, fitteres Äußeres mit sich, sondern auch ein neues Körpergefühl. In diesem Sinne ist es empfehlenswert, von Anfang an die Sinne für die Signale des Körpers zu schärfen und dafür auch an Tagen, an denen die Kalorienmenge nicht beschränkt ist, empfänglich zu bleiben. Der Weg wird steinig sein, aber während man ihn geht, werden die Gewohnheit und das Gelernte dazu beitragen, dass jeder Schritt leichter fällt. Dafür muss nur die nötige Motivation mitgebracht werden.

# Kapitel 4: Welche Wirkung hat Teilzeitfasten auf den Körper?

Es ist keine junge Erkenntnis der Wissenschaft, dass Intervallfasten einige positive Effekte mit sich bringt. Bereits vor knapp 90 Jahren wurde diese Ernährungsform an Tieren erforscht und seit etwa 20 Jahren Hinweise für die positive Wirkung auf den menschlichen Körper gefunden. Nicht ohne Grund ist Fasten in beinahe allen Kulturen und Heiligen Schriften verankert. Mit dem intermittierenden Fasten nähert man sich dem ureigenen Ernährungsrhythmus des Menschen an, denn vor Millionen von Jahren folgten Zeiten des Hungerns auf Tage mit Festmählern. Damals gab es schließlich noch keine wirksame Möglichkeit, Essen haltbar zu machen. Fasten bildete dementsprechend einen natürlichen Teil des Lebens, zu dem man mithilfe der 5:2-Diät zurückfinden kann.

## Leerung der Fettspeicher

Gerade in der heutigen Zeit ist es vor allem in den westlichen Industrienationen eine Selbstverständlichkeit, den gesamten Tag über Nahrung zur Verfügung zu haben. Bei vielen bleibt es nicht bei den typischen drei Mahlzeiten, stattdessen wird dazwischen zusätzlich noch einiges konsumiert. Die Gesundheit spielt dabei meist eine untergeordnete Rolle. Unter anderem aus diesem Grund sind die Zivilisationskrankheiten entstanden, die heutzutage eher die Regel als die Ausnahme darstellen. Dies ist kein Wunder, denn bei so viel Essen passiert es schnell, dass ein Übermaß an Energie „erwirtschaftet“ wird, welche abgespeichert werden muss, da man sie nicht unmittelbar braucht.

Ein kleiner Teil wandert als Glykogen in die Leber, der Rest wird wiederum als bekannte Fettpölsterchen, die theoretisch unbegrenzte Speicher bilden, ausgelagert. Diese Depots bestehen Zellen, die Adipozyten genannt werden und die dazugehörigen Fettsäuren enthalten. Der Mensch ist in der Lage, bei Bedarf automatisch neue Adipozyten zu bilden. Deswegen fällt es denjenigen, die schon von Kindesbeinen übergewichtig waren, schwerer abzunehmen, da sie bereits mehr Fettzellen besitzen, die es abzubauen gilt. Beim Entzug von Nahrung, der bei der 5:2-Diät an Fastentagen stattfindet, ist der Körper gezwungen, aufgrund mangelnder Energiezufuhr von den vorhandenen Speichern zu zehren. Als Erstes kommt das Glykogen in der Leber an die Reihe und anschließend folgen die erwünschte Verbrennung der Fettdepots sowie die damit verbundene Leerung und der Abbau der Adipozyten.

## Normalisierung der Stoffwechselprozesse

Die Bauchspeicheldrüse muss beim häufigen Essen zur Höchstform auflaufen, denn nach jeder Mahlzeit steigt der Blutzuckerspiegel, den sie regulieren muss, indem sie Insulin ausschüttet. Dies wirkt sich auf den Stoffwechsel aus, der normalerweise aus einem natürlichen Wechsel zwischen Prozessen des Auf- und des Abbaus besteht. Geraten diese Phasen aufgrund des permanent erhöhten Blutzuckerspiegels in ein Ungleichgewicht, weil dem Körper nach und vor der Nahrungsaufnahme keine Pause gegönnt wird, leidet der gesamte Stoffwechsel darunter.

Bestimmte Abstände zwischen den Mahlzeiten werden deshalb bei einem Großteil der verschiedenen Ernährungsformen empfohlen. Diesem bedenklichen Dauerbetrieb wirkt die 5:2-Diät mit den eingeplanten Fastentagen entgegen. Die Essenspausen und der Verzicht auf Kohlenhydrate ermöglichen es, dass sich der Stoffwechsel erholen kann. Zudem verringern sie die Gefahr von Heißhungerattacken, die von einem stark schwankenden Insulinspiegel ausgelöst werden können.

Die verbesserte Sensitivität sorgt dafür, dass der Körper weniger Insulin produzieren muss, um den Blutzuckerspiegel zu regulieren, wodurch die Fettverbrennung erleichtert wird. Das Gegenteil zur positiv behafteten Insulinsensitivität ist die im Kontext von Diabetes bekannte Insulinresistenz, bei der das Hormon keine ausreichende Wirkung entfalten kann. Das begünstigt wiederum die Anlagerung von Fett, welches möglicherweise sogar in Organen wie der Bauchspeicheldrüse oder in der Leber gespeichert wird.

## Intermittierendes Fasten stärkt die kognitiven Funktionen

Das Gehirn profitiert sehr von der Ernährungsweise. Nach etwa zweiwöchiger Anwendung der 5:2-Methode erhöht sich nämlich der Spiegel eines Wachstumshormons namens BDNF („*Brain-Derived Neurotrophic Factor*"), wobei es sich um ein Protein handelt, das zentral für das Langzeitgedächtnis, die geistige Leistungsfähigkeit und weitere kognitive Funktionen ist. Bei Gehirnerkrankungen wie Alzheimer lässt sich beispielsweise viel zu wenig BDNF nachweisen. Zusammen mit der erhöhten Anzahl an Ketonkörpern trägt es nämlich zu Schutz, Wachstum, Regeneration und Vernetzung von Nerven sowie der Verhinderung von oxidativem Stress im Gehirn bei.

Oxidativer Stress ist die Bezeichnung für das Vorhandensein von zu vielen freien Radikalen und zu wenigen Antioxidantien, die für ihren Abbau zuständig sind. Es wird angenommen, dass dieser Zustand maßgeblich zur Alterung des Körpers beiträgt. Das Wachstumshormon BDNF steigert zudem den Energieverbrauch und hemmt den Hunger, was ebenfalls zu einer Besserung des Sättigungsgefühls beiträgt. Darüber hinaus beeinflusst es maßgeblich den Serotoninstoffwechsel, wodurch es allgemeine Zufriedenheit oder sogar Euphorie hervorrufen kann. Ebenso regt Teilzeitfasten die Ausschüttung des körpereigenen Wachstumshormons HGH („*Human Growth Hormone*") an, das für die Steigerung der Proteinsynthese und die Bereitstellung von Fett als Energiequelle zuständig ist. Somit lassen sich mit einem hohen HGH-Spiegel besser Muskeln aufbauen und unliebsames Fett verbrennen.

Dank des Kurzfastens lernt man wieder besser auf den eigenen Körper zu hören, da sich Gefühle des Hungers und der Sättigung infolge des Abwechselns zwischen normaler und eingeschränkter Ernährung wieder deutlicher voneinander abgegrenzt wahrnehmen lassen. Dies ist vor allem deshalb wichtig, weil viele Menschen wegen des dauerhaften Nahrungsangebots nicht mehr in der Lage sind, die Signale ihres Körpers richtig zu deuten. Noch dazu bemerken einige Teilzeit Fastende, dass sich nicht nur der Geschmack, sondern auch der Geruchssinn wieder schärft. Darüber hinaus kann man mithilfe des intermittierenden Fastens Essen neu genießen lernen, da das Belohnungszentrum im Gehirn wieder effektiv funktionieren kann und nicht mehr ständig überbeansprucht wird.

## Inwieweit kann Teilzeitfasten die Entstehung von Krankheiten verhindern?

Im Allgemeinen wird dem intermittierenden Fasten bei gesunden Menschen eine vorbeugende und bei Erkrankten eine lindernde Wirkung nachgesagt. In dem Zusammenhang ist insbesondere von dem Schutz vor Herzkrankheiten, Diabetes und sogar vor Krebs die Rede. Diese Ernährungsform hilft zudem bei der Regulation von hohem Blutdruck und des Cholesterinspiegels sowie bei den Beschwerden von Autoimmunerkrankungen wie Rheuma. Letzteres passt zu der Annahme, dass bei der 5:2-Ernährung vermehrt entzündungshemmende Stoffe ausgeschüttet werden. Fett gilt als Risikoträger, da es entzündliche Hormone produziert, welche das Immunsystem auf Trab halten.

Des Weiteren kann Intervallfasten die Symptome von Asthma und Allergien bessern sowie vor bakteriellen Infektionen und Pilzerkrankungen schützen. Darüber hinaus trägt Intervallfasten, wie bereits angedeutet wurde, zur Stabilisierung des Zucker- und des Fettstoffwechsels bei, sodass man sich durchwegs gesünder und fitter fühlt. In diesem Zusammenhang erweist es sich als besonders sinnvoll, an Fastentagen das Abendessen sehr früh einzunehmen, um eine Essenspause von etwa zehn bis zwölf Stunden über Nacht zu ermöglichen, die dank des Schlafens im Nu vergeht. Dadurch können nachweislich Reparaturmechanismen stattfinden, zu denen beispielsweise die sogenannte Autophagie gehört.

Im Zuge der noch nicht sonderlich lang bekannten Autophagie bauen Zellen eigene Bestandteile ab und verwerten sie weiter. Obwohl das zunächst gefährlich klingt, handelt es sich dabei um eine gesundheitsfördernde Maßnahme, da auf diese Weise Schäden ausgebessert werden. Bei Studien an Mäusen zeigte sich zudem, dass der Körper ungesunde Ernährung besser verkraftet, wenn regelmäßig zwölf Stunden gefastet wird.

## Welche unerwünschten Nebeneffekte kann intermittierendes Fasten hervorrufen?

Es ist möglich, dass zu Beginn bei der 5:2-Methode vor allem bei Diätanfängern verschiedene harmlose Nebenwirkungen wie Kopfschmerzen, Verstopfung, Durchfall, Schwindel, Konzentrationsschwierigkeiten und Frieren auftreten. Auch Mundgeruch und Unwohlsein können vorübergehend als Entgiftungserscheinungen präsent sein. Des Weiteren kann der Verzicht zweimal die Woche zunächst die Stimmung negativ beeinflussen, wovon man sich aber nicht entmutigen lassen sollte. Diese unerwünschten Symptome sollten sich bereits nach zwei Wochen bessern beziehungsweise ganz verschwinden. Der Körper muss sich an die ungewohnte Ernährungsform erst anpassen, weshalb es ratsam ist, an den Fastentagen zumindest in der ersten Zeit keinen Sport zu betreiben und den Beginn der Diät nicht gerade auf eine besonders anstrengende Arbeitswoche zu legen. Halten die Beschwerden länger an, sollte man überdenken, ob sich die 5:2-Methode wirklich für einen selbst eignet, und gegebenenfalls Rat bei einem Mediziner suchen.

# Kapitel 5: Worin liegen die Vorteile der 5:2-Methode im Vergleich zu anderen Diäten?

Es ist kein Zufall, dass mindestens jede zweite Diät zu scheitern droht. Viel zu viele Abnehmwillige gehen von vornherein falsch an die Thematik heran, sodass sich statt Erfolg nur Frust einstellt. Oftmals wird auch in Werbungen das Blaue vom Himmel herunter gelogen, wie viel Gewichtsverlust sich mit diversen „Wundermitteln“ erreichen lässt, ohne dass tatsächlich Wissen über das Thema vermittelt wird. Gerade Blitzdiäten oder Diätkuren, bei denen komplette Mahlzeiten durch Shakes oder Ähnliches ersetzt werden, sind normalerweise dafür bekannt, statt wirkungsvoller Strategien den Jo-Jo-Effekt im Gepäck zu haben. Vor allem wenn in irgendeiner Form der tägliche Konsum von Spezialnahrung gefordert ist und anschließend wieder auf die normale Ernährung umgestellt wird, landen die verlorenen Kilos schnell wieder auf den Hüften.

Das lässt sich ganz einfach damit erklären, dass die meisten Diäten auf einer starken und längerfristigen Kalorienreduzierung basieren, die den Körper angesichts seiner Urinstinkte in Alarmbereitschaft versetzt. Zudem werden bei klassischen Diäten häufig Muskeln abgebaut, was zusätzlich den Energieumsatz senkt. Bei der 5:2-Methode geht man diesen Risiken aus dem Weg, da auf einen Tag (Teilzeit) Fasten unmittelbar eine Phase mit ausreichender Nahrungsversorgung folgt, was den Körper davon abhält, mit einer längeren Hungerphase zu rechnen. Zudem verhindert die hohe Zufuhr an Eiweiß, dass als Energiespeicher in erster Linie die Muskeln angezapft werden.

## Mit herkömmlichen Diäten tut man den Körper oft nichts Gutes

Die üblichen Reduktionsdiäten besitzen zudem einen schlechten Ruf, weil es bestenfalls fraglich ist, inwieweit die Methoden der Gesundheit förderlich sind, und sie schlimmstenfalls sogar schlichtweg eine Gefahr darstellen. Sieht man sich als Beispiel die sogenannte Hollywooddiät an, bei der Kohlenhydrate und Fett weitgehend vom Speiseplan gestrichen werden, droht nicht nur der Jo-Jo-Effekt infolge der niedrigen Kalorienmenge, sondern auch ein schwerer Nährstoffmangel bis hin zur Gicht, was die Einseitigkeit hervorrufen kann. Bei der 5:2-Diät besteht diese Gefahr nicht, da man trotz der zwei Tage, an denen man größtenteils fastet, aufgrund der normalen Ernährung in der restlichen Woche seinen Bedarf ausreichend decken kann.

Würde man die Regeln der meisten Diäten auf Dauer befolgen, würde die Gesundheit ernste Schäden davontragen. Die 5:2-Methode könnte man hingegen auch nach der Gewichtsreduktionsphase unter bestimmten Voraussetzungen weiter praktizieren.

Darüber hinaus sind die meisten Diätkuren für gewöhnlich in erster Linie von permanentem Verzicht geprägt, was im Verstärken von Heißhungerattacken und letztendlich sogar im Aufgeben resultieren kann, da sich zu strenge Regeln oft nicht einhalten lassen, gerade wenn sie das Lieblingsessen betreffen. Manchmal wird sogar zum alleinigen Konsum von bestimmten Lebensmitteln geraten, die einem überhaupt nicht schmecken. Dadurch kann ein noch größerer Zwang entstehen, der einen rasch kapitulieren lässt.

Oftmals sind große Umstellungen erforderlich, was bereits vor der Diät einschüchtert und die Hürde, sich am Anfang zu überwinden, noch erhöht. Ständiger Verzicht lässt einen gereizt, erschöpft und motivationslos werden, während bei der 5:2-Strategie die Aussicht auf das Ende des strengen Zurückhaltens am nächsten Tag Antrieb und die Kraft zum Weitermachen verleiht. Sie verlangt keine großen Änderungen an der Lebensart, sofern diese der Gesundheit nicht gänzlich in die Quere kommt. So lässt sie sich ganz einfach in den (Berufs) -alltag integrieren, sodass man sich nicht wie bei anderen Diäten neugierige Fragen anhören muss, was es mit der seltsamen Ernährungsweise auf sich hat. Zudem sind viele Diäten nicht nur schwer langfristig einzuhalten, sondern auch relativ teuer bei der Umsetzung. Aufgrund der Tatsache, dass keinerlei Shakes oder Tabletten mit zweifelhafter Wirkung erforderlich sind und im Prinzip das gewohnte Einkaufsverhalten größtenteils beibehalten werden kann, entstehen bei der 5:2-Methode keine zusätzlichen Kosten.

## Welche Vorteile bringt die 5:2-Strategie noch mit sich?

Jeder Mensch erlebt bestimmte Tage, an denen es schwierig ist, die Vorgaben einer Diät mit dem Sozialleben oder allgemein mit dem Alltag zu vereinbaren. Die Flexibilität bei der 5:2-Methode lässt es zu, dass man bei Feiern, Geschäftsessen, Treffen mit Freunden und Ähnlichem nicht unbedingt verzichten muss und diese ohne schlechtes Gewissen genießen kann. Zwar ist es hinsichtlich der Entwicklung einer Gewohnheit empfehlenswert, das Fasten an festen Wochentagen durchzuführen, allerdings lässt es sich auch ohne Probleme verschieben, wenn etwas dazwischenkommt. Nur weil man abnehmen möchte, muss man sich nicht mehr länger am Wasserglas festklammern, während sich alle anderen bei einer feuchtfröhlichen Geburtstagsfeier an Cocktails und Kuchen gütlich tun. Kommt einem eine Kurzreise oder dergleichen dazwischen, kann man ohne Druck aussetzen und anschließend flexibel mit dem intermittierenden Fasten weitermachen. Diese Aussicht macht es einem gleich viel leichter, mit der 5:2-Diät zu beginnen.

Viele verbringen einen Großteil der jeweiligen Diät damit, Zutaten abzuwiegen, Flüssignahrung anzurühren, spezielle Gerichte zu kochen, Punkte und Kalorien zu zählen, Werte einzugeben und zu rechnen. Beim hier vorgestellten Teilzeitfasten spart man aufgrund der simplen

Vorgaben viel Zeit und Denkkapazitäten, die man stattdessen anderen Dingen widmen kann. Einfacher und wirksamer geht es im Vergleich zu diesem Minimalismus kaum. Es ist nicht viel Aufwand vonnöten, um mit der 5:2-Diät Erfolg beim Abnehmen zu haben. Die grundlegenden Prinzipien des Teilzeitfastens und der Verringerung der Kalorienzufuhr in Abhängigkeit des Energieumsatzes reichen aus, um ans Ziel zu gelangen. Wer es lieber genau nimmt und auch sonst auf das Kalorienzählen setzt, kann dies ohne Weiteres mit der 5:2-Strategie vereinbaren. Sie lässt einem vergleichbar viel individuelle Freiheit, was vor allem für diejenigen ein Vorteil ist, die bereits eine andere Ernährungsform wie Vegetarismus oder Veganismus befolgen. Mit sämtlichen Nahrungsmittelallergien ist sie ebenfalls kompatibel.

Da sich die 5:2-Methode so gut in den Alltag integrieren lässt und nur wenige Anforderungen stellt, handelt es sich im Grunde mehr um eine Form der Ernährungsumstellung als um eine klassische Diät. Sich lediglich an zwei Tagen die Woche mit einer noch dazu milden Version des Fastens einschränken zu müssen, bildet eine vergleichsweise niedrige Hürde. Genau daraus bezieht sie ihre Stärke, denn wo andere Diätkuren scheitern, verspricht sie neue Hoffnung. Bei klinischen Versuchen, die sich mit der 5:2-Methode beschäftigten, fanden Wissenschaftler heraus, dass sie bei stark Übergewichtigen sogar dann von Erfolg gekrönt war, wenn sich bereits viele andere Diäten zwecklos erwiesen hatten. Es ist nachvollziehbar, dass eine Methode abzunehmen umso schwerer umzusetzen ist, je stärker sie von den bisherigen Gewohnheiten und Verhaltensweisen abweicht. Gleichzeitig bewirken zu geringe Änderungen am Essverhalten und an der Lebensweise, dass es lange dauert, bis sich Ergebnisse zeigen, wodurch oft der Mut und die Motivation verloren gehen. Die 5:2-Methode stellt dabei die goldene Mitte dar. Für sie müssen nicht zu große Anstrengungen unternommen werden, aber gleichzeitig ist sie effektiv genug, um bald positive Ergebnisse hervorzubringen. Dies lässt sich auch an den Durchhaltequoten ablesen: Einer recht neuen Studie zufolge bleiben etwa 70 % am Ball, was deutlich mehr als bei gewöhnlichen Diäten ist.

Während bei anderen Diätstrategien das Selbstbewusstsein oft erst dann gestärkt wird, wenn sich erste Erfolge an der Messskala der Waage ablesen lassen, ist dies bei der 5:2-Kur für gewöhnlich schon am Ende des jeweiligen Fastentags der Fall. Man ist stolz auf sich, dass man durchgehalten hat, und strotzt nur so vor Zuversicht, was die kommende Zeit angeht. Zur positiven Wirkung, die Fasten allgemein auf die Laune haben kann, kommt also noch die Erfahrung hinzu, dass man tatsächlich etwas geleistet hat. Dass es sich um Teilzeit- und nicht um vollkommenes Fasten handelt, ändert an diesem Gefühl nichts. Der komplette Verzicht auf Nahrung, der bei anderen Diäten manchmal empfohlen wird, würde nur dafür sorgen, dass Stresshormone ausgeschüttet und wegen des Eiweißmangels die Muskeln abgebaut werden. Zudem gestaltet sich beim Teilzeitfasten der Übergang zu den Tagen, an denen wieder normal gegessen wird, deutlich sanfter. Auch dabei entspricht die 5:2-Methode also der goldenen Mitte.

# Kapitel 6: Wie sollte die Ernährung an den Fastentagen aussehen und was kann man gegen das Hungergefühl tun?

An den Fastentagen steht die Vorgabe, als Frau nicht mehr als 500 und als Mann nicht mehr als 600 Kalorien zu sich zu nehmen, an oberster Stelle. Generell hat man die Freiheit, sich die Art der Lebensmittel ebenso wie deren Aufteilung frei auszusuchen, allerdings gibt es verschiedene Hinweise, die es für ein optimales Ergebnis zu berücksichtigen gilt.

Besonders empfohlen wird der Verzicht auf Kohlenhydrate an Fastentagen. Zu Lebensmitteln, die einen hohen Kohlenhydratgehalt haben, zählen vor allem Getreideprodukte wie Reis, Brot oder Nudeln, Obst und natürlich Süßwaren aller Art. Kohlenhydrate sollten an und für sich nicht verteufelt werden, da sie einen wichtigen Bestandteil der menschlichen Ernährung bilden, indem sie dem Gehirn und den Muskeln die nötige Energie liefern. Dennoch werden in der heutigen Zeit insbesondere zu viele einfache Kohlenhydrate konsumiert, die im Gegensatz zu den komplexen Vertretern der Gattung schnell ins Blut übergehen und den Zuckerspiegel rasch ansteigen lassen, sodass kein anhaltendes Sättigungsgefühl eintritt und Heißhungerattacken vorprogrammiert sind.

Zu den einfachen Kohlenhydraten gehören Haushaltszucker (*Saccharose*), Milchzucker (*Laktose*), Traubenzucker (*Glucose*) und Fruchtzucker (*Fructose*). Diese sorgen für den typischen süßen Geschmack und sollten ohnehin angesichts der Tatsache, dass an Fastentagen eine satt machende Nahrungszufuhr besonders wichtig ist, vermieden werden. Ein zentraler positiver Effekt besteht darin, dass der Bauchspeicheldrüse eine Pause gegönnt wird, da deutlich weniger Insulin ausgeschüttet werden muss, was für eine Normalisierung des Blutzuckerspiegels sorgt und dem Stoffwechsel zugutekommt.

## Welche Rolle spielt Eiweiß an Fastentagen?

Es ist von großer Bedeutung, dass dem Körper gerade an Fastentagen ausreichend Protein, das man umgangssprachlich auch als Eiweiß bezeichnet, zugeführt wird. Bei vielen Diäten besteht die Gefahr, dass die Muskeln abgebaut werden, gerade wenn aufgrund der Einschränkung der Ernährung nicht genug Protein zur Verfügung steht. Zwar würde der Abbau ebenfalls in einer Gewichtsreduktion resultieren, jedoch nicht auf eine erstrebenswerte Weise. Muskeln wiegen schwerer als Fett, verbrauchen allerdings auch im Ruhemodus mehr Energie. Baut der Körper Muskeln ab, sinkt der Kalorienverbrauch, was ebenfalls ein Risiko für den Jo-Jo-Effekt darstellen könnte. Proteine sind neben Fetten und Kohlenhydraten der dritte Makronährstoff und wichtige Bausteine des menschlichen Körpers. Proteine sind in erster Linie in Fleisch, Fisch, Soja- und Milchprodukten, Eiern, Nüssen sowie in Hülsenfrüchten enthalten und halten lange satt.

Darüber hinaus muss jedoch auf den Fettgehalt der jeweiligen Lebensmittel geachtet werden, da dieser Makronährstoff ungefähr doppelt so viele Kalorien mit sich bringt wie Proteine und Kohlenhydrate und so leicht die Vorgabe an Fastentagen überschritten wird. Als fettarme Fleischsorten gelten beispielsweise Hähnchen- und Putenbrust sowie verschiedene Stücke von Lamm, Kalb und Rind. Auf sämtliche panierten und frittierten Gerichte sollte angesichts der Einschränkung verzichtet werden, genauso auf die Verwendung von zu viel Fett zum Braten und reichhaltige Soßen.

## Was sollte noch auf dem Speiseplan stehen?

Eine zentrale Rolle kommt dem Gemüse an den Fastentagen zu. Es besitzt viele Nährstoffe, hat wenige Kalorien vorzuweisen und erzielt den psychologischen Effekt, dass der Teller (und somit auch der Magen) gut gefüllt wirken. Dies bildet ideale Voraussetzungen für die Ernährungsvorgaben der 5:2-Diät. Allerdings gibt es sogar beim Gemüse vergleichsweise kalorienhaltige Ausnahmen, denen Diät Haltende beim Teilzeitfasten aus dem Weg gehen sollten. Darunter fällt vor allem Mais, der zudem verhältnismäßig zuckerreich ist. Auch wenn dicke Bohnen und Erbsen an sich sehr gesunde Gemüsesorten mit einem großen Anteil Protein sind, darf die Kaloriendichte mit 64 und 82 Kalorien pro 100 Gramm nicht aus den Augen verloren werden.

Besonders empfehlenswert sind hingegen Tomaten, Gurken, Auberginen, Brokkoli, Spinat, Rosenkohl, Pilze, Paprika und verschiedene Laucharten. Salat kommt ebenfalls infrage, jedoch sind in dem Fall oft die Dressings sehr fettig und gehaltvoll. Allgemein sind den Vorlieben beim Gemüse jedoch keine Grenzen gesetzt, solange die Zubereitung schonend erfolgt. Abhilfe für den Geschmack schaffen dafür wohldosierte Gewürze und Aromen. Auch Sojasoße, Tomatenmark, Senf und Meerrettich kommen zum Verfeinern infrage, da sie kalorienarm sind.

Nicht zu vergessen sind die Getränke, die sich an Fastentagen auf Wasser, ungezuckerten Tee und (schwarzen) Kaffee beschränken sollten. Davon darf nach Belieben getrunken werden, jedoch sollte der Mindestbedarf auf jeden Fall gedeckt werden. Als Faustregel gelten 35 Millimeter pro Kilogramm Körpergewicht. Bei einer 60 Kilo schweren Frau entspräche das beispielsweise knapp zwei Liter. Diejenigen, denen gewöhnliches Wasser nicht schmeckt, können die Flüssigkeitszufuhr mithilfe von Zitronen- oder Limettenscheiben für sich möglicherweise angenehmer gestalten. Softdrinks und andere zuckerhaltige Getränke sind an den zwei Ausnahmetagen auf alle Fälle tabu, da sie schlicht zu viele Kalorien enthalten. Sogenannte Lightprodukte sind ebenfalls für die meisten nicht zu empfehlen, weil diese im Verdacht stehen, das Hungergefühl zu fördern, was beim Fasten ausgesprochen kontraproduktiv ist.

Jemand, der einfache Vorgaben kreativ umsetzen will, kann sich an folgender Übersicht orientieren, was an Tagen mit nur 500 beziehungsweise 600 Kalorien als Basis gegessen werden kann:

- 500 Gramm Gemüse nach Wahl
- 250 Gramm fettarmes Fleisch / Fisch / Sojaprodukte (z. B. Tofu) / Milchprodukte (z. B. Quark / Eier)
- Gewürze nach Belieben

Ansonsten bieten sich als Gerichte vor allem (Gemüse) -suppen und leichte Eintöpfe sowie Eiergerichte und diverse Variationen von Salaten an. Versuche, die angeordnete Kalorienmenge auf drei Mahlzeiten aufzuteilen, sind mit großer Wahrscheinlichkeit vom Scheitern verurteilt, da schlicht zu wenig Energiegehalt für die Speisen übrig bleiben, sodass der Hunger kaum in die Schranken gewiesen wird. Stattdessen ist es ratsam, sich auf zwei oder sogar nur ein Gericht zu beschränken.

## Die Bedeutung von Kurzfasten zwischen Abendessen und Frühstück

Dabei lohnt es sich erst recht, abends eine Mahlzeit auszulassen, da gemeinhin Nahrungspausen von mindestens 18 Stunden als förderlich für die Regeneration gelten. Einerseits ist dies über Nacht aufgrund der im Schlaf verbrachten Zeit einfacher umzusetzen, andererseits kommen die Verdauungsprozesse währenddessen zur Ruhe. Wenn der Körper dann nicht auch noch zusätzlich mit der Verarbeitung von Essen beschäftigt ist, kann er sich ungestört auskurieren. Das Abendfasten oder im englischsprachigen Raum „Dinner Cancelling“ genannte Prinzip ist bereits seit den 1990er Jahren bekannt, woraus sich letztendlich der Mythos entwickelt hat, dass Essen nach 18 Uhr dick mache. Zwar ist es hinsichtlich der Kalorienmenge generell nicht von der Uhrzeit abhängig, ob sich eine Mahlzeit negativ auf das Gewicht auswirkt, allerdings tut man sich und seiner Gesundheit trotzdem etwas

Gutes, wenn man den Verdauungsprozessen nachts über einen längeren Zeitraum Ruhe gönnt.

## Wie geht man mit dem Hunger um?

Zweifellos werden insbesondere zu Beginn des Teilzeitfastens vermutlich ungewohnt starke Hungergefühle auftreten, die dazu verleiten könnten, die 5:2-Diät als etwas aufzugeben, das nicht zu einem passt und sich lediglich für andere eignet. Davon sollte man sich jedoch nicht entmutigen lassen. Aller Anfang ist zwar schwer, aber mit der Zeit lernt der Körper immer besser, mit dem Hungergefühl umzugehen, sodass es nicht lange dauert, bis man sich daran gewöhnt und das Ganze weniger als einen Kraftakt sieht. Hunger dient im Grunde als bester Indikator dafür, dass die 5:2-Methode funktioniert und der Körper den Fettverbrennungsmotor angeworfen hat, da auf diese Weise signalisiert wird, dass Bedarf an Energieressourcen besteht und der Organismus gezwungen ist, auf die Fettdepots zurückzugreifen, da kein Nachschub geliefert wird.

Es lohnt sich also, sich vom Magenknurren nicht beirren zu lassen und den Willen aufzubringen, das Hungergefühl zu ertragen. Man muss allerdings zwischen dem gewöhnlichen Hungergefühl und Symptomen einer Unterzuckerung unterscheiden. Bei einer Unterzuckerung ist der Blutzucker sehr niedrig, was bei denjenigen, die nicht unter Diabetes leiden, einem Wert von 50 Milligramm pro Deziliter entspricht. Darüber hinaus treten in dem Fall Beschwerden wie Zittern, hoher Puls, kalter Schweiß, Blässe, Unruhe, Nervosität und Konzentrationsstörungen auf. Mit einem zu niedrigen Zuckerspiegel ist nicht zu spaßen, weshalb man zur Not Gegenmittel wie Traubenzucker zur Hand haben sollte. Es ist jedoch nicht sehr wahrscheinlich, dass tatsächlich eine Unterzuckerung während der 5:2-Diät auftritt, da es sich letztendlich nur kurz und nicht vollständig fastet.

Außerdem kann man sich immer damit trösten, dass das Fasten am nächsten Tag erst einmal ein Ende hat. Mit der Aussicht darauf, dass man dann wieder das Gewohnte genießen kann, lässt es sich viel besser durchhalten. Meldet sich der Hunger trotz allem unüberhörbar laut, gibt es verschiedene Tricks zur Anwendung. Zum Beispiel kann man etwas Gemüsebrühe zu sich nehmen, die nicht zum Kalorienkonto zählt und dennoch das Verlangen vorerst zu stillen vermag. Kaugummi zu kauen oder ein großes Glas kaltes Wasser zu trinken, sind ebenfalls populäre Mittel, um den Magen vorübergehend wieder ruhig zu stellen. Des Weiteren sollte man in sich hineinhorchen, ob es tatsächlich ein Hungergefühl ist, das man verspürt, oder nicht bloß Appetit oder Langeweile.

Die emotionale Komponente beim Essen, die beispielsweise bei Stress auftritt, ist als wichtiger Einfluss auf die Ernährung nicht zu unterschätzen. Unabhängig davon, ob es sich wirklich um Hunger oder doch nur um Appetit handelt, hilft es, sich Ablenkungen zu suchen. Je häufiger und intensiver man daran denkt, dass einen der Hunger quält, desto weniger wird er verschwinden. Dank der Flexibilität der 5:2-Diät lassen sich die Mahlzeiten flexibel an den Tagesrhythmus anpassen. Auch dafür ist es allerdings nötig, sich selbst zu beobachten und herauszufinden, wann man die durch Essen zugeführte Energie besonders benötigt und wann man leicht darauf verzichten kann. Dass man sich und seinen Körper besser kennenlernt, ist letztendlich ein weiterer positiver Effekt, den die 5:2-Methode mit sich bringt.

Falls es doch einmal vorkommt, dass man die vorgegebene Kalorigrenze nicht ganz einhält, darf man nicht den Kopf hängen lassen oder das ganze Vorhaben gar hinwerfen. Die Chance, es am nächsten Tag von Neuem zu versuchen, bleibt immer bestehen, solange man nicht aufgibt. Gleichzeitig lohnt es sich zu reflektieren, warum es nicht geklappt hat, um so mögliche Fehler zu identifizieren und in Zukunft vermeiden zu können.

# Kapitel 7: Worauf muss an den restlichen Wochentagen geachtet werden?

Wie zu Beginn bereits angedeutet wurde, ist im Zusammenhang mit der 5:2-Diät oft davon die Rede, dass man sich zwar zwei Tage lang einschränken muss, dafür aber den Rest der Zeit nach Lust und Laune schlemmen kann. Auch wenn dies nicht vollkommen der Wahrheit entspricht, trifft es dennoch zu, dass sich die Ernährung an den anderen Tagen keineswegs wie eine Diät anfühlen wird. Im Zuge des Erforschens des eigenen Hunger- und Sättigungsempfindens ist es sogar ratsam, sich bei der Nahrungsaufnahme nach dem Befinden zu richten und ausdrücklich keine Kalorien zu zählen. Auf diese Weise lernt man, im wahrsten Sinne des Wortes auf seinen Bauch zu hören und seinem intuitiven Essverhalten zu vertrauen, was es einem später erleichtert, sein Gewicht zu halten.

Selbst wenn dies zunächst dazu führt, dass man sich ein klein wenig mehr Kalorien zuführt, als man eigentlich benötigt, schadet das dem Erfolg der 5:2-Methode nicht. Dies wird durch Studien aus dem englischsprachigen Raum gestützt, die zu dem Ergebnis kamen, dass die Probanden bei der Durchführung der 5:2-Diät zwar im Durchschnitt an normalen Tagen etwa 10 % mehr aßen, aber trotzdem insgesamt abnahmen und nur wenige Heißhungeranfälle erlitten. Dass sie ihr Gewicht dennoch reduzieren konnten, liegt daran, dass die Kalorienzufuhr wegen der zwei Fastentage die Woche über immer noch deutlich geringer war als der Verbrauch.

## Balance als Mittelpunkt gesunder Ernährung

Trotzdem ist es lohnenswert, sich auch an Tagen, an denen nicht gefastet wird, überwiegend gesund zu ernähren. Balance ist hierbei das Stichwort. Das bedeutet, dass dann auch bewusst sogenannte Sünden wie Schokolade oder Pizza erlaubt sind, wenn trotzdem die gesunden Lebensmittel den deutlich größeren Anteil bilden. Süßigkeiten und Ähnliches komplett vom Speiseplan zu streichen, würde letztendlich nur zur Folge haben, dass das Verlangen danach immer größer wird und man letztendlich doch irgendwann, möglicherweise sogar im Übermaß, zuschlägt.

Da es sich bei der 5:2-Strategie mehr um eine Form der Ernährungsumstellung als um eine tatsächliche Diät handelt, geht es vor allem darum, ein Prinzip zu finden, mit dem sich langfristig arbeiten lässt. Je besser sich eine derartige Methode in die Gewohnheiten integrieren lässt, desto leichter fällt es einem, sie in großen Teilen auch konsequent nach dem Zeitraum des Abnehmens beizubehalten. Aus diesem Grund lohnt es sich, an der normalen Ernährung etwas zu feilen, ohne dabei unbedingt tief greifende Änderungen vornehmen zu müssen.

Auf industriell verarbeitete Nahrung sollte allgemein möglichst wenig zurückgegriffen werden und stattdessen selbst gekocht werden. Nur dann hat man selbst in der Hand, wie viele Zutaten in welcher Menge zum Einsatz kommen. Man muss kein Kochprofi sein, um leckere und nährstoffreiche Gerichte auf den Tisch zu zaubern. Ebenso wenig ist es nötig, übermäßig viel Zeit zu investieren, vor allem, wenn man beim Zubereiten eine gewisse Routine entwickelt.

Zunutze machen kann man sich dabei die Vielfalt der zur Verfügung stehenden Lebensmittel. Generell gilt: je abwechslungsreicher desto besser. Dafür bedarf es natürlich etwas Experimentierfreude, die jedoch gewiss in vielen Fällen mit köstlichem Essen und vielleicht sogar neuen Lieblingsgerichten belohnt wird. Dabei dürfen großzügig Getreideprodukte verwendet werden, die möglichst aus Vollkorn statt aus Weißmehl bestehen. Den enthaltenen Ballaststoffen wird in Bezug auf verschiedene Zivilisationskrankheiten eine vorbeugende Wirkung nachgesagt. Zudem üben sie nachweislich einen positiven Einfluss auf den Cholesterin- und den Blutzuckerspiegel aus. Im Durchschnitt nehmen Männer und Frauen deutlich weniger Ballaststoffe als empfohlen zu sich, weshalb im Kontext einer gesunden Ernährung besonders darauf geachtet werden sollte.

Milchprodukte dürfen bedenkenlos konsumiert werden, denn sie versorgen den Körper mit den Bausteinen Kalzium und Eiweiß. Diejenigen, die dabei Kalorien sparen wollen, greifen zu den fettarmen Varianten. Bei den sogenannten Lightartikeln ist hingegen Vorsicht geboten, da oft die Reduzierung des Fetts mit dem Zusetzen von Zucker geschmacklich ausgeglichen wird.

Wer seiner Gesundheit und der Umwelt etwas Gutes tun möchte, schränkt allerdings seinen Fleisch- und Wurstkonsum ein und wählt dabei bevorzugt helle anstelle von den roten Sorten, die verdächtigt werden, in größeren Mengen die Entstehung von Darmkrebs zu begünstigen. Fisch liefert im Gegenzug dazu die wichtigen Omega-3-Fettsäuren und viele Vitamine, weshalb er zumindest ein- bis zweimal die Woche auf dem Speiseplan stehen sollte. Zudem enthält er ebenfalls viele Proteine.

Bei der Zubereitung ist es empfehlenswert, sich für sogenanntes „gutes" Fett zu entscheiden, das beispielsweise in Oliven-, Raps- und Sojaöl enthalten ist. Diese ungesättigten Fettsäuren besitzen einen ausgesprochen guten Ruf. Um die Zubereitung besonders fettarm zu gestalten, sollte man beschichtete Pfannen oder Woks benutzen und es bei etwa einem Esslöffel Öl belassen. Von Natur aus kalorienreich ist es, Lebensmittel zu frittieren. Aus diesem Grund sind Dämpfen und Dünsten in Alufolie vorzuziehen, was darüber hinaus auch noch gut für das Aroma ist.

## Die Art zu Essen prägt die Figur

Bei gesunder Ernährung steht nicht nur im Fokus, was gegessen wird, sondern auch wie. Bei den Mahlzeiten ist es notwendig, sich die entsprechende Zeit zu nehmen und sie bewusst zu genießen. Es schont den Verdauungstrakt, jeden Bissen mindestens 20-mal zu kauen und auf diese Weise die Speise bereits im Mund in möglichst kleine Bestandteile zu zerlegen. Ausreichend zu kauen leistet einen wichtigen Beitrag zur Aufspaltung des Zuckers, der so schneller in die Zellen gelangen kann. Da das Sättigungsgefühl für gewöhnlich erst nach 15 Minuten einsetzt, besteht ein weiterer Vorteil darin, dass man weniger zu sich nehmen muss, um satt zu werden. Schnellesser schaden sich oft selbst, indem sie innerhalb der 15 Minuten mehr konsumieren als für die Befriedigung des Hungers nötig wäre und die Verdauungsorgane stärker belasten, was gegebenenfalls Beschwerden wie Sodbrennen und Bauchschmerzen begünstigt.

Des Weiteren sollte man bei den Mahlzeiten sämtlichen Ablenkungen aus dem Weg gehen. Viele Menschen lesen gern Zeitung beim Frühstück oder schauen Fernsehen beim Abendbrot. Das führt dazu, dass Essen an sich nicht mehr bewusst wahrgenommen wird, was dem Sättigungsgefühl ebenfalls abträglich sein kann. Am besten lässt es sich zweifellos im trauten Kreis von Familie oder Freunden genießen.

Genügend zu trinken, ist ebenfalls nicht nur an Fastentagen wichtig. Dies gleichmäßig über den Tag zu verteilen ist deutlich sinnvoller, als zu viel auf einmal nachholen zu wollen. Dabei zum größten Teil Wasser anstelle von Softdrinks zu wählen, spart eine Menge Kalorien und Zucker ein. Produkte, die mit „light“ oder „Zero“ beworben werden, stellen auch hier keine empfehlenswerte Alternative dar, weil die Wirkung der beigefügten Süßstoffe auf den Organismus kontrovers diskutiert wird und belastbare Forschungsergebnisse noch nicht zur Verfügung stehen. Im Prinzip bietet es sich sogar an, lieber auf die zuckerhaltigen Vertreter zurückzugreifen und diese dafür lediglich in Maßen zu konsumieren.

Es muss jedoch allgemein nicht unbedingt immer Limonade sein, denn Wasser kann auch als besonders schmackhaftes Getränk gestaltet werden, indem man es beispielsweise mit Orangen, Minze oder Apfel aufpeppt. Beim Ausprobieren und Variieren sind der Fantasie keine Grenzen gesetzt. Eistee selbst zu machen, lohnt sich ebenfalls, weil die Menge und die Art der Süßungsmittel frei wählbar sind. Zudem funktioniert es ganz einfach, da man lediglich die bevorzugte Teesorte aufkochen und anschließend in ein zu zwei Dritteln mit Eiswürfeln gefülltes Gefäß füllen muss. Beim Zubereiten ist es wichtig, darauf zu achten, dass genügend Teebeutel verwendet werden, die möglichst lange gezogen haben.

*Die* gesunde Ernährung schlechthin, die für jeden gilt, existiert in dieser Form nicht. Dafür sind Menschen zu unterschiedlich, was körperliche Betätigung, Gewicht, Größe, Allergien, Vorlieben und Abneigungen angeht. Ganz davon abgesehen leistet Essen letztendlich nicht nur für den Körper Gutes, sondern auch für das allgemeine Wohlbefinden. An diesen Aspekt knüpfen die Begründer der 5:2-Diät an, indem sie an den Tagen, an denen nicht gefastet wird, ausdrücklich auch weniger Gesundes gestatten und von einer normalen Ernährung ausgehen. Es sollte jedoch niemandem schwerfallen, die genannten Tipps zum gesunden Essen so weit wie möglich zu berücksichtigen, gerade wenn Ausnahmen grundsätzlich immer erlaubt sind.

# Kapitel 8: Welche Rolle spielt Bewegung für die 5:2-Diät?

Ein mehrfach genannter Kritikpunkt an der 5:2-Diät lautet, dass die Bedeutung, die körperlicher Betätigung bei der Gewichtsreduktion zukommt, im Kontext der Methode nicht ausreichend thematisiert wird. Tatsächlich ist es so, dass es zunächst nicht über den Erfolg der 5:2-Strategie beim Abnehmen entscheidet, ob man Sport treibt oder nicht. Beim Ansetzen der Kaloriengrenze für die Fastentage gingen die Entwickler von einem durchschnittlichen Tagesbedarf eines Erwachsenen aus, wobei der Faktor Sport kaum bis überhaupt nicht berücksichtigt wird. Es ist zweifellos möglich abzunehmen, ohne Sport zu treiben. Ob dies allerdings auch sinnvoll ist, steht auf einem anderen Blatt. Bewegung ist nicht nur nützlich, wenn es um Gewichtsreduktion geht, sondern auch für gesundheitliche und optische Zwecke.

## Wie kann man Bewegung in den Alltag integrieren?

Mit „Bewegung“ muss dabei noch nicht einmal unbedingt intensiver Sport gemeint sein. Für die Menschen, denen es schwerfällt, den inneren Schweinehund zu überwinden, ist es bereits ein wichtiger Fortschritt, im Kleinen anzufangen. Dazu gehört es zum Beispiel, wann immer es möglich ist, Wege zu Fuß zurückzulegen oder auf das Fahrrad umzusteigen. Ein Spaziergang ist eine gute Möglichkeit, den Kreislauf in Schwung zu bringen und frische Luft sowie Tageslicht zu tanken. Auch Haus- und Gartenarbeit sind nicht zu unterschätzende Tätigkeiten, die Kalorien verbrennen und die Muskeln zu beanspruchen. Wer bewusst darauf achtet, findet viele Gelegenheiten, mehr Bewegung in den Alltag einzubauen.

So kann man anstelle des Aufzugs die Treppe wählen, eine Haltestelle früher aussteigen und bei sämtlichen Wartepausen regelmäßig aufstehen beziehungsweise hin und her gehen. Sogar das Zähneputzen lässt sich für kleine Gymnastikeinlagen nutzen. Wer möchte, kann sich einen Schrittzähler zulegen, der für einen aufpasst, wie groß die Strecke ist, die man am Tag zurückgelegt hat. Zwischen 7000 und 10000 Schritten sind optimal, wenn man gesund werden und bleiben möchte. Auch sanfte Sportarten wie Yoga und Pilates, die noch dazu gegen Beschwerden wie Rückenschmerzen helfen, passen gut zum Teilzeitfasten. Noch dazu leisten sie einen wichtigen Beitrag dazu, den Körper zu straffen und in Form zu bringen.

Anfänger im Sportbereich sollten es langsam angehen lassen und bei Zweifeln zuerst den Arzt des Vertrauens kontaktieren. Dasselbe gilt für diejenigen mit mäßigem oder schwerem Übergewicht. Durch eine entsprechende Beratung lässt sich herausfinden, welche Sportart sich am besten eignet und die Gelenke schont. Schwimmen wäre in dem Fall beispielsweise deutlich sinnvoller als Joggen. Ebenso wichtig ist es, sich keine zu hohen Ziele zu stecken. Nimmt man sich direkt zu viel vor und überfordert sich auf diese Weise, endet es damit, dass man schnell die Motivation und die Freude daran verliert. Sport sollte sich nicht wie eine Zwangsmaßnahme oder gar eine Strafe anfühlen. Die Devise ist, zunächst länger in Bewegung zu bleiben und sich dabei nicht zu überanstrengen. Das Betreiben von Sport ist deutlich effizienter, wenn es mehr mit Spaß verbunden ist und weniger als lästige Pflicht angesehen wird. Außerdem kostet es weniger Mühe, am Ball zu bleiben, wenn man sich nicht jedes Mal dazu durchringen muss.

Man sollte sich nicht scheuen, viel auszuprobieren und weiterzusuchen, bis man etwas findet, das einem gut gefällt. Es existiert ein vielfältiges Angebot an Sportarten, sodass für jegliche körperlichen Voraussetzungen und Vorlieben etwas dabei ist. Wenn man nach Herumexperimentieren die Passende für sich selbst gefunden hat, kann es von Vorteil sein, sich Freunden oder sogar einem Verein anzuschließen, damit die körperliche Betätigung zur Routine wird und man sich zusätzlich durch andere dazu animieren lässt. In einer Gruppe ist zudem für gewöhnlich der Spaßfaktor größer und man tut noch dazu etwas für die sozialen Bedürfnisse.

Unter Umständen ist es sogar sinnvoll, sich bei der jeweiligen Krankenkasse nach Sportkursen oder finanziellen Zuschüssen zu erkundigen, da die Bereitwilligkeit, etwas für seine Gesundheit zu tun, oft honoriert wird.

## Wie sich Fastentage auf das Bedürfnis nach Bewegung auswirken

Im Zuge des intermittierenden Fastens ist es ratsam, auf den eigenen Körper zu hören. Gerade zu Beginn besteht die Möglichkeit, dass man sich an Tagen der Enthaltsamkeit nicht fit genug fühlt, um Sport zu betreiben. Wenn einem schwindelig wird oder Benommenheit auftritt, sollte man das Training auf alle Fälle abbrechen. Sobald man sich allerdings an das Teilzeitfasten gewöhnt hat, ist die Wahrscheinlichkeit groß, dass man vor Elan und Tatkräftigkeit geradezu strotzt und die Leistungsfähigkeit sogar noch gesteigert wird. Dies lässt sich auf einer evolutionären Basis begründen, denn wenn sich die menschlichen Vorfahren in einer Hungerphase befanden, mussten sie umso mehr in der körperlichen Verfassung sein, zu jagen.

Diese Annahme stimmt mit dem überein, was viele Anhänger der 5:2-Diät erzählen. Laut eigener Aussage fühlen sie sich nach einer entsprechenden Anfangsphase überraschend munter und nutzen an Fastentagen das Übermaß an Vitalität freiwillig für Sport. Sie berichten davon, dass sie sich deutlich leichter und unbeschwerter fühlen. Tatsächlich kann der Verzicht einen besonderen Schwung verleihen. Wissenschaftler entdeckten sogar Hinweise dafür, dass das Training an Fastentagen besonders effektiv für die Fettverbrennung ist. Die körperliche Ertüchtigung wirkt also dreifach positiv: Man steigert seinen Kalorienbedarf, arbeitet an seiner Optik und kann sich zeitgleich damit vom Hungergefühl ablenken.

Es sollte lediglich berücksichtigt werden, dass mit der Bewegung auch der Bedarf an Flüssigkeit steigt und ein entsprechender Abstand zu der Mahlzeit beziehungsweise den Mahlzeiten an dem Tag gewahrt bleibt. Es erweist sich als Vorteil, die Sporteinheit an Fastentagen nicht unmittelbar nach dem letzten Essen durchzuführen, da dies möglicherweise dazu führt, dass man schnell wieder Hunger bekommt. Stattdessen ist es vernünftig, sie vor der (größeren) Mahlzeit des Fastentages einzulegen, damit man direkt Energienachschub liefern kann. Das gilt vor allem für diejenigen, denen Bewegung Appetit macht.

Diejenigen, die sich beispielsweise wegen ihres Berufs sowieso viel bewegen müssen oder von vornherein viel Sport treiben, sollten beachten, dass ihr Energieumsatz wegen der Muskeln auch in der Ruhezeit entsprechend höher liegt als beim Durchschnitt. Für die Kalorienzufuhr an Fastentagen ist dies zwar nicht entscheidend, allerdings sollte es den Rest der Woche im Hinterkopf behalten werden. Es bleibt einem selbst überlassen, ob man die zusätzlich verbrauchte Energie nutzt, um mehr essen zu können oder um schneller an Gewicht zu verlieren. Im letztgenannten Fall sollte einem jedoch bewusst sein, dass die wenigsten Ärzte eine Reduktion von über einem halben Kilogramm pro Woche empfehlen.

Des Weiteren verliert die Anzeige der Waage an Aussagekraft, da durch ein hohes Maß an Sport die Muskeln entsprechend zunehmen, welche mehr wiegen als Fett. Hochleistungssportler müssen ohnehin ein besonderes Maß an Vorsicht walten lassen, weil die Ernährung an Fastentagen möglicherweise eine zu große Diskrepanz zu den Anforderungen, die der Körper an einen stellt, aufweist.

# Kapitel 9: Wie wirkt sich der Schlaf auf den Erfolg beim Abnehmen aus?

Neben der Ernährungsweise und der Menge an Bewegung kommt der Qualität des Schlafs eine oft unterschätzte Bedeutung zu, welche die Gewichtsreduktion und die Gesundheit allgemein betrifft. Unmittelbar wirkt sie sich zwar nicht auf das Abnehmen an sich aus, allerdings kann sie die Fettverbrennung beeinflussen. Vor allem die Dauer des Schlafs spielt dabei eine wichtige Rolle. Amerikanische Forscher der University of Chicago fanden dies bei einer Studie heraus, deren übergewichtige Teilnehmer sich an eine Diät mit Kalorienreduktion hielten. Die abgenommenen Kilos derer, die drei Stunden länger schliefen, nämlich achteinhalb insgesamt, bestanden zu über 50 Prozent aus Fett. Bei denjenigen, die nur fünfeinhalb Stunden Nachtruhe bekamen, waren es nur 25 Prozent, was bedeutet, dass sie drastisch mehr Muskelmasse verloren. Bei der 5:2-Diät sollte also zusammen mit der eiweißreichen Ernährung an Fastentagen der unliebsame Abbau von Muskeln mit genügend Schlaf bekämpft werden.

Dass Kurzschläfer deutlich mehr Muskelmasse verlieren, lässt sich damit erklären, dass die Qualität des Stoffwechsels und die Höhe des Kalorienumsatzes von der Dauer der Nachtruhe abhängen. Dies gilt in erster Linie für die Fett- und Zuckerstoffwechsel, welche verlangsamt ablaufen. Für die Regenerationsprozesse, die während des Schlafs ablaufen, wird eine Menge Energie benötigt, die der Körper im Regelfall aus den Fettdepots bezieht. Wird der Schlaf jedoch gestört, wirkt sich das ebenso auf die Regeneration aus. Als besondere Beeinträchtigung erweist sich dabei das (mehrfache) Aufwachen in der Nacht. Zudem gerät dadurch der Hormonhaushalt durcheinander.

*Leptin* und *Ghrelin*, zwei Hormone, die für das Sättigungs- und das Hungergefühl zuständig sind, befinden sich normalerweise im Gleichgewicht. Wird es gestört, leidet man am nächsten Tag nicht selten unter

Heißhungeranfällen. Wenn sich für Schlafprobleme keine naheliegende Erklärung finden lässt, sollten sie von einem Arzt abgeklärt werden. Sind sie harmloser Natur, kann man sie mithilfe kleinerer Umstellungen im Alltag überwinden.

## Wie kann man die Schlafqualität verbessern?

Für eine gesunde Nachtruhe darf die letzte Mahlzeit nicht zu spät eingenommen werden und sollte nicht zu schwer im Magen liegen, was gerade an Fastentagen sowieso zu empfehlen ist. Die komplexe Verdauungstätigkeit kommt der Erholung in die Quere und führt zu einem unruhigen und leichten Schlaf. Des Weiteren sollte man sich auf den Weg Richtung Bett machen, wenn man tatsächlich müde ist, und nicht, um Tätigkeiten wie Lesen und Fernsehen nachzugehen. Verbindet der Körper es nicht mehr ausschließlich mit Ruhen, sich ins Bett zu legen, führt dies zu Schwierigkeiten beim Einschlafen. Vor allem elektronische Geräte wie das Smartphone werden im Idealfall komplett aus dem Schlafzimmer verbannt.

Auch eine an die eigenen Bedürfnisse angepasste und nicht durchgelegene Matratze sowie ein ruhiger, dunkler, angenehm temperierter Raum bildet wichtige Voraussetzungen für ausreichend Erholung. In vielen Fällen sind Stress und Grübeln Gründe dafür, dass jemand keinen oder nur schlechten Schlaf findet. Auch wenn es schwerfällt, sollte man sich bemühen, im Bett den Kopf zu leeren und sich zu entspannen, wobei verschiedene Mediationsübungen helfen. Hin und wieder reicht es schon, sich gedanklich an irgendeinen ruhigen Ort zu versetzen.

Diverse Lebensmittel erleichtern einem das Einschlafen ebenfalls, während andere zweifellos mehr schaden als nutzen. Zu Letzteren gehören koffeinhaltige Getränke nach 16 Uhr, also auch grüner und schwarzer Tee. Alkohol wird zwar oft eine hilfreiche Wirkung in den Schlaf zu finden nachgesagt, jedoch führt er in der zweiten Nachthälfte oftmals zum Aufwachen. Tee mit möglichst Schlaf fördernden

Kräutern, zu denen beispielsweise Baldrian und Hopfen zählen, sorgt hingegen genau wie die klassische warme Milch mit Honig besser für Erholung. Obst wie Ananas und Banane enthalten die Aminosäure Tryptophan, welche den Serotoninspiegel anhebt. Serotonin ist nicht nur als Gute-Laune-Macher bekannt, sondern regt auch die Produktion des Hormons Melatonin an.

Melatonin steuert den Tag-Nacht-Rhythmus und ist essenziell für guten Schlaf. Nüsse, Trockenfrüchte, Kerne und Samen beinhalten Melatonin bereits, weshalb ihr Verzehr ebenfalls ratsam ist. Darüber hinaus weisen sie ohnehin ausgesprochen gesunde Omega-3-Fettsäuren aus und bilden dementsprechend allgemein einen wichtigen Bestandteil der Ernährung.

## Wie wirkt sich die 5:2 Diät auf den Schlaf aus?

Glücklicherweise macht es einem das Teilzeitfasten einfach, genügend Schlaf zu finden. Viele Anwender berichten davon, dass sie sich bereits verhältnismäßig früh müde fühlen und dementsprechend zeitig ins Bett gehen, wobei ihnen das Einschlafen deutlich leichter fällt als früher. Auf diese Weise können sie sich automatisch mehr und vor allem besser erholen. Zudem sorgt der durch das Intervallfasten bewirkte Gewichtsverlust dafür, dass das Unterhautfettgewebe am Hals abgebaut wird, welches dafür bekannt ist, den Luftweg einzuengen und so Schnarchen zu begünstigen. Schnarchen kann die Schlafqualität ebenfalls deutlich mindern.

# Kapitel 10: Wie geht es nach Erreichen des Wunschgewichts weiter?

Endlich ist es so weit: Das Ziel ist erreicht, der Körper ist rank und schlank und man blickt zu Recht mit Stolz auf das, was geleistet wurde. Doch was kommt danach? Wie kann man das Gewicht langfristig halten und verfällt nicht in alte Gewohnheiten? Die Antworten auf diese Fragen hängen in erster Linie von der eigenen Einschätzung und dem Körpergefühl ab. Mit großer Wahrscheinlichkeit würde es erneut mit einer Gewichtszunahme enden, wenn man einfach mit allem so weitermacht wie vor der 5:2-Diät. Damit dies nicht geschieht, sollten gewisse Änderungen auch nach der Abnahme beibehalten werden. In welchem Maße dies nötig ist, muss jeder für sich entscheiden.

## Die 6:1 Methode als dauerhafte Ernährungsgewohnheit

Generell wird empfohlen, auch nach der Anwendung der Methode mit mindestens einem Fastentag, also sozusagen dem 6:1-Prinzip, fortzufahren. Dauerhaft einmal in sieben Tagen die Ernährung auf 500 beziehungsweise 600 Kalorien zu beschränken, schadet der Gesundheit nicht. Im Gegenteil, einmal die Woche zu fasten tut dem Organismus gut und sorgt weiterhin für die in Kapitel 3 beschriebenen positiven Wirkungen. Im Gegensatz zu anderen Diätkuren, bei denen es auf Dauer schädlich wäre, die entsprechende Ernährung beizubehalten, hätte es bei der 5:2-Diät im Grunde keine nachteiligen gesundheitlichen Folgen, das Teilzeitfasten fortzusetzen.

Es müsste nur darauf geachtet werden, dass an den restlichen Wochentagen die Kalorienzufuhr angepasst wird. Während noch die Abnahme das Ziel war, reichte es, das normale Essverhalten an den Tag zu legen. Wenn die Wunschfigur jedoch erreicht und eine Gewichtsreduktion nicht mehr nötig oder gewünscht ist, sollten die durch Fasten gesparten Kalorien über den Rest der Woche zusätzlich aufgenommen werden.

Falls man im Verlauf der Anwendung der 5:2-Methode seinen Körper gut kennengelernt hat, kann dies ruhig intuitiv geschehen, indem man sich hin und wieder etwas extra gönnt und sich Kalorienverbrauch und -zufuhr so am Ende der Woche ungefähr die Waage halten.

Für gewöhnlich entwickelt man bei der Auseinandersetzung mit der 5:2-Diät ein gutes Gespür dafür, was der Körper benötigt, weshalb es prinzipiell überflüssig ist, darauf zu achten, wie viele Kalorien genau konsumiert werden dürfen und müssen, um das Gewicht zu halten. Natürlich schadet es nicht, einen Überblick darüber zu haben - wie man das handhabt, bleibt einem ganz selbst überlassen. Man sollte dabei im Kopf behalten, dass je nach Anzahl verlorener Kilos der Grundumsatz und somit auch der Tagesbedarf gesunken sind, wenn dies nicht durch den Aufbau von Muskeln ausgeglichen wird.

## Wie oft sollte man sich wiegen?

Um im Auge behalten zu können, wie es um das Gewicht bestellt ist, sollten sich gesundheitsbewusste und vorsichtige Menschen nach wie vor mindestens einmal im Monat wiegen oder ihre Maße nehmen, damit sie mögliche Änderungen am Essverhalten beziehungsweise dem Bewegungspensum rechtzeitig vornehmen können, bevor die während der 5:2-Diät erbrachte Leistung abzunehmen umsonst war. Kommt es einem auf ein, zwei Kilogramm mehr nicht an oder traut man dem eigenen Körpergefühl und dem Blick in den Spiegel genug, um andere Hilfsmittel für überflüssig zu halten, kann man es natürlich mit der Regelmäßigkeit des Überprüfens auch lockerer nehmen.

Spätestens, wenn die Hosen wieder enger sitzen, sollte man sich jedoch überlegen, ob man nicht vorläufig wieder einen Tag mehr in der Woche Kurzfasten praktiziert. Das ist eine weitere praktische Seite an der 5:2-Diät: Wenn man bei seinem Wunschgewicht angelangt ist, kann man es sich an Feiertagen oder allgemein in Zeiten reichhaltigen Essens unbesorgt gut gehen lassen und das Übermaß an Kalorien flexibel durch Fastentage in den folgenden Wochen ausgleichen. Der Körper wird es einem danken.

## Dieselben Fehler sollte man nicht noch einmal machen

Es ist zweckdienlich, für sich selbst die individuellen Gründe zu identifizieren, die überhaupt erst zum Übergewicht geführt haben, sofern man dies nicht bereits im Vorfeld getan hat. Dazu gehören nicht nur „Dickmacher" unter den Lieblingsgerichten, sondern vor allem auch schädliche Lebensgewohnheiten und mögliche Stressfaktoren. Letztere zu kennen und zu vermeiden, ist besonders wichtig, da Stress nicht nur wegen der Ausschüttung des Hormons Cortisol einer Zunahme den Weg ebnet, sondern auch die Neigung zum „Frustfuttern" begünstigt. Eine äußerst hilfreiche Grundlage dafür besteht darin, genug zu schlafen. Die Nachtruhe ist also nicht nur, wie in Kapitel 9 beschrieben, für das Abnehmen wichtig, sondern auch, um das Gewicht zu halten. Lassen sich bestimmte Stressfaktoren, zu denen klassischerweise oft die Arbeit gehört, nicht eliminieren, lohnt es sich, sanfte Sportarten wie Yoga und Pilates zu praktizieren oder sogar meditieren zu lernen, um sich gegen Anspannung und Druck zu stählen.

## Die 5:2-Diät als Ernährungsumstellung

Generell sollte es nach Anwendung der 5:2-Methode einfacher als bei anderen Diäten sein, das Wunschgewicht zu halten. Dies liegt einerseits daran, dass der allseits gefürchtete Jo-Jo-Effekt ausbleiben dürfte, und andererseits an dem neu gewonnenen Gespür für sich und die Bedürfnisse des eigenen Körpers. Man ist aus dem Teufelskreis eines nicht eintretenden Sättigungsgefühls und ständigem Nachschub an Essen ausgebrochen. Wichtig ist es in jedem Fall, das Wissen über gesunde Ernährung sowie die Erkenntnisse, die man über sich und seine Essensgewohnheiten während der Phase der Gewichtsabnahme gewonnen hat, mit in die Zeit danach zu nehmen. Dabei geht es sowohl um die Empfindungen für Hunger und Sättigung als auch um die Bedeutung von Bewegung und Kurzzeitfasten, unabhängig vom Aspekt der Gewichtsreduktion. Erst dann kann man im Zusammenhang mit der 5:2-Methode wirklich von einer Ernährungsumstellung und nicht bloß von einer Diät sprechen.

# Schlusswort

Normalerweise bringen herkömmliche Diäten harte Arbeit, Verzicht, Isolation und nicht selten auch ungesunde Ernährungsempfehlungen mit sich. Im Mittelpunkt steht dabei immer die reine Gewichtsabnahme um jeden Preis. Ob die Art und Weise, wie sie vollzogen wird, gesund, langfristig oder möglichst angenehm gestaltet wird, ist dabei Nebensache. Das Einzige, was dabei zählt, ist der Erfolg und wie schnell er sich einstellt. Dass dies nicht ohne tief greifende Änderungen bei der Lebensmittelauswahl möglich ist und oftmals vergebliche Mühe darstellt, verraten häufig bereits die gegebenen Anweisungen oder sogar die Namen der Diäten.

Insbesondere, wenn zu einer einseitigen Ernährung geraten wird, wie beispielsweise bei einer Empfehlung zum dauerhaften Verzicht auf Kohlenhydrate oder Fett, ist es fraglich, ob das jeweilige Diätprinzip tatsächlich auf dem Grundverständnis des menschlichen Körpers basiert. Je weniger Wissen als Fundament für eine Diät dient, desto größer ist die Wahrscheinlichkeit, dass sie scheitern wird.

In jedem der vorangegangenen Kapitel wurde deutlich, auf welche Weise sich die 5:2-Methode von diesen Diäten abhebt. Gewöhnliche Diätkuren nehmen dem Leben etwas, wobei es sich teilweise nicht einmal um die unerwünschten Kilos handelt, während es die 5:2-Strategie bereichert. Auch aus diesem Grund ist sie weniger als Diät im herkömmlichen Sinne zu verstehen, sondern viel mehr als Ernährungsumstellung. Mithilfe des intermittierenden Fastens erreicht man die Gewichtsreduktion nicht auf Kosten des seelischen und körperlichen Wohlbefindens, sondern tut in erster Linie etwas für seine Gesundheit und nimmt damit beinahe schon als Nebeneffekt ab.

Die 5:2-Methode vereint viele Aspekte in sich, die sich sonst nur umsetzen lassen, wenn man bereit ist, sein Leben komplett umzukrempeln. Den Trend, der auf ihre Entdeckung folgte, hat sie ohne Zweifel zu Recht ausgelöst, denn kaum etwas ist so leicht durchzuführen und zeigt gleichzeitig so große Wirkung. Mit dem Wissen, das auf den letzten Seiten vermittelt wurde, hat es jeder selbst in der Hand, seine Figur und seine Gesundheit im Rahmen der Möglichkeiten zu formen. Auch im Kontext der 5:2-Diät gilt das klassische Prinzip, dass man immer einmal mehr aufstehen muss, als man hinfällt.

Hinterher zählt nicht mehr, wie oft man gescheitert ist, sondern nur noch, dass man nicht aufgegeben hat. Enttäuschungen und Rückschläge gehören zur Ernährungsumstellung dazu, aber dabei handelt es sich bloß um Schlaglöcher auf dem Weg zum Erfolg.

Natürlich darf man keine Wunder von der 5:2-Methode erwarten, wenn man nicht bereit ist, etwas dafür zu tun. Trotz der Tatsache, dass sie ohne komplexe Anweisungen auskommt, sich von fast jedem durchführen lässt und verhältnismäßig wenig Aufwand mit vielen positiven Gefühlen belohnt, bleibt es eine große und vor allen Dingen lobenswerte Leistung, das Teilzeitfasten regelmäßig zu bewältigen und Gewicht abzunehmen. Obwohl man nach dem Ausprobieren mit großer Wahrscheinlichkeit die Ansicht vertritt, dass Abnehmen entgegen der landläufigen Meinung überhaupt nicht so schwer wie gedacht ist, sollte man sich selbst dafür auf die Schulter klopfen, die Ernährungsumstellung geschafft zu haben.

Das Hungergefühl zu ertragen und bereit zu sein, sich selbst neu kennenzulernen, stellt keine Selbstverständlichkeit dar. Nicht jeder ist bereit, die Entbehrungen auf sich zu nehmen, weshalb man auf das Werk, das man an seinem Körper erbracht hat, uneingeschränkt stolz sein kann. Man ist sich selbst oftmals der größte Kritiker, weshalb man sich selbst für so etwas ruhig die verdiente Hochachtung zollen kann.

Wurden sich sämtliche Kapitel gründlich zu Gemüte geführt, besitzt man das nötige Wissen und alle Mittel, die für die Traumfigur, eine robuste Gesundheit und ein gesundes Leben nötig sind. Während von anderen Diätkuren oft nur die durch den Jo-Jo-Effekt zurückkehrten Kilos und der dazugehörige Frust bleiben, hinterlässt die 5:2-Methode eine neue Lebensqualität, die von langer Dauer sein kann, wenn man das Gelernte entsprechend umsetzt. Sobald man sich wirklich darauf eingelassen hat und über die anspruchsvolle Umstellungsphase zu Beginn hinweg ist, wird es ohnedies erheblich einfacher, das Kurzfasten nicht mehr als besondere Ernährungsform, sondern als natürlichen Bestandteil des Lebens zu betrachten.

# Impressum

Health Academy wird vertreten durch:

Instyle Supply and Control Limited

20th Floor, Central Tower, 28

Queen‘s Road, Central, HK

Coverbilder

[creativelog] | [Fiverr]



## Haftung für externe Links

Das Buch enthält Links zu externen Webseiten Dritter, auf deren Inhalt der Autor keinen Einfluss hat. Deshalb kann für die Inhalte externer Inhalte keine Gewähr übernommen werden. Für die Inhalte der verlinkten Webseiten ist der jeweilige Anbieter oder Betreiber der Webseite verantwortlich. Die verlinkten Seiten wurden zum Zeitpunkt der Verlinkung auf mögliche Rechtsverstöße überprüft. Rechtswidrige Inhalte waren zum Zeitpunkt der Verlinkung nicht erkennbar. Eine permanente inhaltliche Kontrolle der verlinkten Webseiten ist jedoch ohne konkrete Anhaltspunkte einer Rechtsverletzung nicht zumutbar. Bei Bekanntwerden von Rechtsverletzungen werden derartige Links umgehend entfernt.

Printed in Poland
by Amazon Fulfillment
Poland Sp. z o.o., Wrocław

70438930R00036